Por un Spanish Real Madrid

v

el Real Milán de Otros

Together

Everybody

Achieves

More

Spanish Leadership ©

(www.spanishleadership.com)

España, Estados Unidos, Alemania, Francia y Reino Unido, Mayo 2011. Todos los derechos reservados. **ISBN-13:978-1463524630 ISBN-10:1463524633**

DEDICATORIA

A Don Santiago Bernabéu (q.e.p.d) por haber tenido la visión y el liderazgo de crear
un Real Madrid que en su momento fue el buque insignia de España

INDICE

NOMENCLATURA, FORMATO Y DUPLICACIÓN LINKEDIN DEL LIBRO

Este libro nace con vocación de best seller porque se basa en conceptos únicos como:

- Leadership
- Network
- Duplicación
- LinkedIn

Todos sus miembros se "conocen" vía LinkedIn la mayor red de profesionales del mundo con más de 100 millones de usuarios. LinkedIn es una empresa que acaba de salir a bolsa en Mayo 2011 en Estados Unidos. A nivel nacional los linkedineadores españoles (residentes en España o en el extranjero) superan a países como Alemania, Francia o Italia estando en Europa solo por detrás de Reino Unido y Holanda. Es por tanto pertinente explicar la estructura de este líbro que tiene más de 100 páginas de formato A4. Lo cual serían entre 400 y 500 páginas de un libro normal. Es por tanto un libro líder que se nutre de la fuerza de su network para duplicarse.

Nomenclatura

Spanish Leadership: Iniciativa y concepto de liderazgo

Por qué la marca Real Madrid es anterior a tiempos de Florentino Pérez

Actitud, rasgo de liderazgo que es clave en la gestión

Negación de responsabilidades es lo opuesto a liderazgo

Importante es gestionar el dinero de los demás sin despilfarros

Saber respetar a los adversarios es sine-qua-non en liderazgo

Hoy sólo no es liderazgo, es cortoplacismo; hay que saber ver el mañana

Liderazgo requiere saber reconocer errores

EIC, El Estado Ideal de Competición requiere energía, cantera y afición

A dónde llegará el modelo galáctico al final de esta década

Decisiones es valor de liderazgo El éxito de Guardiola se basa en valores

España campeona del mundo en base al modelo de la cantera

R Riesgos del actual modelo galáctico

S Sencillez cómo la de Vicente del Bosque, es un rasgo de liderazgo

Hipótesis no son logros de liderazgo

Interrogantes de cara al futuro a corto, medio y largo plazo

Puede el socio madridista elegir un presidente democráticamente?

Formato

El Formato está orientado de tal forma que el lector pueda obtener el mayor crecimiento personal del mismo.

Con frecuencia muchos libros best seller son unas 250 páginas de formato y tamaño muy inferior a este.

Esto ocasiona que en multitud de veces el lector olvide el contenido de lo aprendido en el libro. En este caso el lector tiene hasta un Blog para auto-emponderarse.

La función del liderazgo no es crear más seguidores sino crear más líderes. Del éxito en la duplicación de líderes depende del éxito de un gran líder. Por tanto este libro que nace con vocación de líder busca el emponderamiento de las personas aprendiendo los conceptos aquí explicados.

Por ello el libro consta de

- Un Indice detallado para capítulo y sección a fin de que el lector pueda siempre referirse a cualquier página del libro.

- Un formato estilo manual corporativo para que el lector pueda hacer uso del libro en su vida profesional y diaria y aplicarlo día a día.

- Una biografía de cada uno de los autores de capítulos del libro. Porque creemos en el TEAM (Together Everybody Achieves More). Aquí todo el mundo aporta. Y aprendemos tanto del que creó la marca Real Madrid, cómo de quién acaba de entregar una tesina de fin de estudios en París o quien está en Londres trabajando y estudiando para ser coach de la Premier League. La humildad es la reina de las virtudes.

- Un blog en blanco al final para que tomes notas y citas de liderazgo y las utilices en twitter y LinkedIn para así aumentar tu valor de marca personal en el mercado

Duplicación LInkedIn

El poder de la duplicación es ilimitado. Pero la gente no lo sabe ver. Si a ti te ofrecieran un millón de Euros el día 1 de Junio 2011 v un céntimo de Euro duplicándose solo 30 días, deberías saber que es mejor el céntimo y que de hecho perderías más de 4 millones de Euros si ignoras la duplicación. Aquí la prueba en base a la sección estadísticas de contactos de LinkedIN del fundador de Spanish Leadership. Esto dice su red LinkedIn

Cuando encuentres a la gente que buscas, podrás contactar con ella por medio de presentaciones y contactos de confianza. Tu red crece cada vez que incorporas un contacto — invita a contactos ahora.

Tu red de profesionales de confianza

Tú estás en el centro de tu red. Tus contactos pueden presentarte a 19.180.900+ profesionales — así es como está dividida tu red:

Tus contactos   2.435
Tus amigos y colegas de trabajo de confianza

A dos grados de distancia   1.468.700+
Amigos de amigos; cada uno conectado a uno de tus contactos

A tres grados de distancia   17.709.800+
Comunícate con estos usuarios por medio de un amigo y uno de sus amigos

Número total de usuarios que puedes contactar por medio de una   19.180.900+
presentación

26.565 personas nuevas en tu red desde el 21 de mayo

La red LinkedIn

El número total de usuarios de LinkedIn, que pueden ser contactados directamente a través de mensajes InMail.

Número total de usuarios que puedes contactar directamente — ¡prueba una búsqueda ahora!

100,000,000+

Datos de la red de un amigo suyo en Madrid

Acceso regional: Las ubicaciones más populares de tu red:

16%
    1. Madrid y alrededores, España
8%
    2. Barcelona y alrededores, España
4%
    3. Argentina
2%
    4. Nueva York y alrededores
2%
    5. España

Tu región: Madrid y alrededores, España

7

Tus contactos se encuentran en 111 ubicaciones pero tu red te da acceso a **1.470 ubicaciones adicionales**, entre ellas:

- Reino Unido
- Atlanta y alrededores
- Área Metropolitana de Washington D.C.

Las ubicaciones **de mayor crecimiento** de tu red:

1. Madrid y alrededores, España
2. Barcelona y alrededores, España
3. Argentina

Acceso de sector Los sectores más representados en tu red:

10%
     1. Servicios y tecnología de la información
6%
     2. Marketing y publicidad
5%
     3. Consultoría de estrategia y operaciones
4%
     4. Recursos humanos
4%
     5. Telecomunicaciones

Tu sector: Internet

Tus contactos están en 117 sectores pero tu red te da acceso a **148 sectores adicionales**, entre ellos:

- Equipo informático
- Apuestas y casinos
- Artículos de lujo y joyas

Los sectores **de mayor crecimiento** de tu red:

1. Consultoría de estrategia y operaciones
2. Servicios y tecnología de la información
3. Dotación y selección de personal

En conclusión este libro nace con vocación de best seller. Se comercializará en todas las webs de distribución de libros más importantes del mundo. Pero la vocación de duplicación en LinkedIn, que integra a Twitter, es la clave de su éxito en su estratégico objetivo de llegar a best seller.

NOTA DE LOS AUTORES

En aras al buen gusto y a evitar polémicas innecesarias, el equipo de autores decidió en su teleconferencia de 15 Mayo 2011, hacer constar específicamente que las opiniones de cada autor de cada capítulo o prólogo son independientes las unas de las otras.

Esta obra es una publicación de liderazgo, trabajo en equipo y network. En modo alguno está obra tiene un objetivo de polemizar.

PRÒLOGO DE EUGENIO MARTINEZ BRAVO
(http://es.linkedin.com/in/eugeniomartinezbravo)

La frase del título que encabeza este libro que usted tiene ante sí lo dice todo. Un grupo de expertos intentarán desglosar en esta obra, de una forma sincera, honesta, independiente y profesional, una serie de ideas, criterios, recomendaciones y análisis del que a juicio de cada uno representan los elementos claves de la gestión deportiva y económica en el mundo del fútbol actual.

Se me concede el honor de escribir las primeras líneas, y de compartir con ustedes, con toda humildad, el modelo de gestión deportiva en el que yo creo hablando de aquello que me enseñaron desde que nací a querer y amar con pasión: el Real Madrid C.F.

Entrados ya en el siglo XXI, la industria del fútbol no es ajena a los enormes cambios sociales por los que pasa un mundo cada vez más global. Las mejores comunicaciones, infraestructuras y transportes, el fenómeno de internet y la televisión, eliminan cualquier tipo de fronteras e impulsan con mayor fuerza si cabe marcas que, como la del Real Madrid, se convierten en un transmisor infinito de emociones con una capacidad de generación de ingresos jamás soñada por quienes 109 años atrás fueron sus fundadores.

No en vano, y como primer concepto, hemos de empezar por diferenciar de forma clara dos grandes aspectos: el de gestión económica/empresarial por un lado, y el deportivo por otro.

Empezando por el primero el análisis no está tanto en la primera línea de la cuenta de resultados, que son los ingresos, sino más bien en las que continúan por debajo hasta la última línea que determina si una entidad cualquiera es en verdad eficiente y rentable, si gana dinero o si lo pierde. Y aquí es donde encontramos el primer gran mensaje: los clubes de fútbol requieren de estructuras y equipos de gestión 100% profesionales. Gente que no necesariamente ha de saber sobre fútbol dentro del plano de la gestión de los Clubes. Gente simplemente profesional. Auditores, abogados, expertos en recursos humanos, en marketing, en finanzas, en internacionalización....Profesionales de primer nivel integrados en una enorme organización que pasa por llamarse Real Madrid C.F., con un organigrama eficiente, moderno, productivo...que tengan como cometido conseguir un único objetivo: la eficiencia económica y la reinversión constante de sus beneficios en la mejora permanente del patrimonio del Club.

El objetivo no es sacar el máximo beneficio. Han leído bien. El objetivo es ser eficiente, ser capaces de optimizar al máximo los recursos económicos generados, para que puedan ser revertidos en instalaciones y en no ya sólo identificar y fichar, sino sobretodo en mantener a miembros del cuerpo técnico y jugadores que triunfan con nuestra camiseta (y me refiero a todos, desde el más pequeño de los pre benjamines hasta el último componente de la plantilla del primer equipo). Y el principal problema nos lo encontramos, siguiendo con un símil deportivo, a mitad de la tabla, que son el pago de unos intereses de una deuda cada vez más abultada y peligrosa. Eficiencia supone criterio en el endeudamiento, nunca superar costes de mercado, tener fondos de maniobra positivos y aplicar una palabra casi tabú en el mundo del fútbol español: transparencia. Soy partidario de que el Real Madrid no se convierta jamás en una sociedad anónima, pero que sin embargo si que pueda a llegar ser gestionada algún día como si así lo fuera. Estatutos modernos, vigilancia en la gestión, transparencia absoluta, etc.

Pero el "quid" de la cuestión es de fondo. Actualmente el club mantiene un modelo donde lo primero es el marketing y después lo deportivo. Donde se mantiene el convencimiento de que mediante la generación de recursos económicos - es decir, sólo con dinero - el éxito deportivo está garantizado. En mi opinión, es justo lo contrario. El Real Madrid debería tener como filosofía angular la cultura ya inventada e instaurada por el mejor gestor que el Club ha tenido en toda su historia, Don Santiago Bernabéu, el mayor "gestor de títulos" de todos los tiempos. El orden es simple y claro: primero va el criterio, los objetivos y el modelo deportivo, y después el marketing y el económico.

Al contrario de lo que decíamos antes, el éxito deportivo, los títulos, si garantizan el éxito económico, pero el éxito económico no garantiza la consecución de títulos. Los "dividendos" si existen en el Real Madrid. Pero no son económicos. Son deportivos. Los dividendos del Real Madrid son los títulos que gana, la ilusión y la alegría que generan, que se reparten y comparten entre todos sus propietarios: los socios y la afición. Es así como Don Santiago concibió el que ha sido reconocido como el mejor Club del siglo XX, como una gran industria de ocio, como un Club de todos, para el disfrute una de las familias más grandes del mundo: la blanca.

Igual de simple y sencillo es lo referente al segundo apartado, el deportivo. Ahí van algunos conceptos. Equipo no son 11 jugadores. Son toda la plantilla, la cantera, el cuerpo técnico, la directiva y la afición. Estilo. El Real Madrid ha de encontrar y definir un estilo de juego, un "estilo Real Madrid" para el siglo XXI. Un mismo estilo de juego desde benjamines hasta el primer equipo. De ataque siempre, ganador desde el principio hasta el final. Un cuerpo técnico de profesionales, preferentemente de la casa, que sepan lo que es esta camiseta, lo que supone y exige esta casa. Donde el entrenador tiene su parcela, esa en la que nadie más que él entra y decide, pero donde él, junto al Director General deportivo y al Presidente, participan conjuntamente en la incorporación de fichajes futuros y de aquellos jugadores que han de llevar la camiseta blanca.

Es un "equipo de decisión" que se habría de regir por una combinación de criterios de valoración a la hora de elegir los fichajes en función de características técnicas, talento, personalidad, liderazgo, lucha, esfuerzo, compañerismo, humildad, carácter....madridismo. Y todo ello bajo un criterio a seguir a la hora de tener que realizar un fichaje para cubrir un puesto determinado en base a un orden simple pero infalible: primero se busca ese jugador para ese puesto en tu casa, en una cantera cuyo fin no ha der el actual de ser utilizada como moneda de cambio, sino el tener como finalidad y destino para todo jugador criado en Valdebebas el llegar a jugar en el primer equipo; si en la cantera no se encontrase el jugador con las características necesarias, ir al segundo radio de acción: España. Saber si para ese puesto hay un jugador nacional, de nuestro país, pues no en vano España pasa por tener probablemente la mejor generación de futbolistas - presente y futura - de toda su historia. Y finalmente el jugador internacional, el que se trae de fuera, y en cuyo caso no ha de haber lugar a equívoco: ha de tener una calidad fuera de toda duda, una calidad diferencial, pues de lo contrario crearía frustración en los jugadores de la

11

cantera y del resto de miembros del primer equipo. Pero eso sí, sabiendo identificar el talento antes y mejor que los demás. Es la esencia del fútbol.

Pero reitero. El éxito y la clave es no salirse del raíl, ser fiel a los mismos principios y valores - sí, valores - que nos han llevado a ser el mejor Club del mundo. Y todo encaminado a la que es mi ilusión, nuestra ilusión y objetivo, un objetivo compartido por todo madridista sin excepción, todos unidos en un mismo fin: repetir también en el siglo XXI como el mejor Club del mundo.

Aunque si bien es cierto que siempre hay que mira hacia delante, al futuro, no es menos cierto que mirar al pasado y aprender de los errores te da la experiencia necesaria para afrontar los retos de futuro con mayores opciones de éxito. Y sin embargo, bajo la Presidencia de Florentino Pérez no sólo nos hemos salido del raíl de lo que siempre ha sido y ha representado nuestro Club, sino que simboliza de forma nítida la teoría del péndulo. Ha pasado de un extremo a otro. Ha pasado del extremo de querer intervenir en la parcela deportiva hasta límites insospechados en la que fue su primera etapa - echando por ejemplo de forma triste y errónea a Vicente del Bosque con la celebración de los títulos ganados bajo su dirección deportiva aún calientes; a justo al extremo contrario en esta la que es su segunda etapa, en la que aún haciendo bien en no intervenir en la parcela deportiva cediendo - por fin - la autoridad al entrenador, parece haber cedido también el protagonismo e iniciativa en la opinión de la parcela que únicamente ha de corresponder al Presidente: la institucional. Y como todo efecto pendular, todo habrá sino de terminar en un término intermedio que es donde está la virtud. Ni a un extremo (su primera etapa/intervención suya en la parcela deportiva) ni a otro (el de ahora en su segunda etapa/ausencia institucional y cesión total de la iniciativa también en este campo al entrenador).

Ese punto intermedio es al que me he referido anteriormente: parcelas definidas para el entrenador en el vestuario y en el campo, para el presidente en las institucionales, y para el "equipo de decisión" formado por Presidente/entrenador/Director Deportivo en las decisiones que conciernen a incorporaciones y fichajes futuros.

Pudiera parecer que todo está inventando en el fútbol y en el Madrid, y no es así. Innovación. Esa palabra que sólo parece estar reservada a empresas de tecnología, o de sectores industriales, es otro de los que habrían de ser ejes vertebrales del Real Madrid. Y de nuevo aquí aparece la figura de Don Santiago. Fue el más innovador de su tiempo. Fue un visionario. Vio lo que nadie imaginaba. Soñó. Pensó en grande. Imaginó una industria de ocio. Y la construyó. Imaginó el mayor y mejor Club de fútbol jamás soñado. Y lo desarrolló. Imaginó un campo de fútbol de 100.000 personas. Y lo construyó. Imaginó una Copa de campeones de Europa, y no sólo la creó, sino que la ganó seis veces, cinco de ellas seguidas. Tradición y valores, si. Innovación, también. Una industria que como la del fútbol mueve miles y miles de millones no puede estar supeditada al error visual de un árbitro. En EE.UU. esto está superado desde hace tiempo. La tecnología se ha puesto al servicio del hombre. Allí también al servicio del deporte. En la NFL del fútbol norteamericano si existen dudas en una jugada el árbitro de campo pide revisión a los "árbitros de televisión", y mediante un sistema de micrófonos se le comunica en cuestión de segundos el devenir de una jugada determinada, si ha sido o no de falta, dónde, y de quién. No hay margen a la duda o al error, a la culpa o a la justificación de posibles errores arbitrales. Siempre gana el mejor. Así de simple.

Siempre que ocurre algún acontecimiento o debate entorno al Real Madrid pienso e imagino cómo actuaría Don Santiago. Innovaría. Lideraría una iniciativa de ayudar y colaborar con la UEFA en la búsqueda de un sistema de revisión de "cámara arbitral" que ratifique o modifique sobre la marcha del partido una decisión sobre la que el árbitro pudiera haber tenido dudas en directo. Y desde luego que defendería ante la UEFA, no ante la prensa, todo aquello que entendiese es justo para el Real Madrid.

No tengo ninguna duda. Las secuencias seguidas de títulos volverán teniendo fe en un modelo de largo plazo, sostenible en el tiempo, donde lo importante no sean las personas, sino unos cimientos y una estructura sólida, fuerte, inquebrantable. Los presidentes, jugadores, entrenadores, las personas en definitiva, pasamos. Todas las personas tenemos nuestro tiempo.
Pero el Club permanece "intempore". Y sólo si el timón se mantiene en la dirección y el rumbo marcado por los éxitos de nuestra historia, sin dudas ni vacilaciones, mantendremos la constancia en la consecución de títulos. Si, seguro que bajo el modelo actual también ganaremos títulos. Pero basta echar una mirada hacia atrás para analizar la ingente cantidad de dinero empleada y los títulos conseguidos para sacar conclusiones.

Tengo un enorme respeto por Florentino Pérez. Creo que es un magnífico empresario español, que ha creado empleo y riqueza sin que nadie lo pueda poner en cuestión. Lo que si es cierto es que con formas que gusten más o menos, que puedan o no ser discutibles, domina la estrategia empresarial porque tiene conocimiento de ese terreno, porque tiene dinero, inteligencia, influencia y experiencia. Pero se equivoca al aplicarlo al plano deportivo pues hay una clara diferencia: la pelota. Imprevisible ella! Y no comparto su modelo deportivo basado en el corto plazo, en el todo vale, en la renuncia a nuestro estilo de ser - salir a ganar atacando siempre -, al cambio permanente cada año y medio de entrenador, de sistema de juego.

En sus años como Presidente Florentino Pérez es quien más dinero ha gastado y menos porcentaje de títulos ha conseguido. Sólo en sus últimos cinco años como Presidente posiblemente haya superado los 500 millones de euros en fichajes- cantidad por cierto muy similar a la deuda actual del Club - con el resultado de un título, un sólo título conseguido: la Copa del Rey de esta temporada 2010/2011.

El Real Madrid es un Club que sabe ganar....y perder. Que da la mano como dice su himno. No busca excusas en la derrota. Por el contrario estas unen, hacen más fuertes, descubren el orgullo sano, al que es líder verdadero, y sacan la rabia necesaria que siendo positiva y bien encauzada llevará al equipo, a todo el colectivo, a saber aprender de la derrota y a plantearse pronto un nuevo futuro reto de victoria. Repito. El Madrid no puede, no debe buscar excusas. Sólo si se tiene la humildad necesaria en reconocer los errores propios se mejorará y se ganará. Y los hemos cometido.

Construyamos un Club en cuyo espejo se puedan mirar niños, jóvenes, adultos, deportistas, aficionados.... En la vida personal, en la empresa profesional, y en el deporte en general, sólo si se tiene autocrítica hay campo y espacio para la mejora. No perdamos la perspectiva. Hay personas, presidentes, entrenadores o jugadores que son grandes. Muy grandes. Tal vez los mejores del mundo. Pero nunca se debe olvidar que el Real Madrid lo es más, y que está por encima de cualquier interés u objetivo personal.

Creo en un Real Madrid que nunca se queja. Nunca. Siempre hemos tenido adversidades...rivales, aficiones contrarias, arbitrajes injustificables....pero lejos de quejarnos el Real Madrid se crecía. Y vencía. Y lo hacía con su ADN: corazón, pasión, ilusión, trabajo, perseverancia, superación, serenidad, humildad...siempre con actitud positiva. Y estos atributos son los que usted lector se encontrará en este libro. Disfrútelo.

Quiero expresar mi deseo que todos aquellos beneficios económicos que me pudieran corresponder fruto de mi colaboración en este libro sean donados con fines sociales a la Fundación Real Madrid.

Eugenio Martinez Bravo, Madrid, España, 18 Mayo 2011
Presidente de Plataforma Blanca www.plataformablanca.com

1. Spanish Leadership: Iniciativa y concepto de liderazgo (por Jorge Zuazola http://de.linkedin.com/in/jorgezuazola)

BIOGRAFÍA

Jorge Zuazola es el fundador de www.spanishleadership.com que él mismo define como una **triple I** en inglés (Internet Ideas Incubator o sea una Incubadora de Ideas por Internet). Español de 45 años, es doble licenciado en Ciencias Económicas y Empresariales por La Comercial de Deusto en Bilbao, Master en Business Administration por el City Business College de Londres y afiliado al Instituto de Auditoría Interna en Londres. Tras licenciarse en Deusto Jorge tuvo el privilegio de ser de los pocos españoles que se beneficiaron de la beca COMETT de la CEE (hoy en día UE) y en 1990 trabajó 6 meses en la British Steel, la única siderurgia europea entonces privatizada por obra del liberalismo de Margaret Thatcher. Tras trabajar tanto en Londres como en Montreal regresó a Bilbao en Octubre de 1990 entrando a formar parte de KPMG pero su filosofía pro-anglosajona le llevó de regreso a Londres en Abril 1992 para comenzar su MBA en la City de Londres. Tras completarlo en Agosto 1993 empezó a trabajar en Iberia Londres pero rápidamente su pedigrí en el mercado londinense le llevó a ser buscado para Thorn EMI en los European Heaquarters en Fráncfort. Debido a la separación de Thorn y EMI, dichos headquarters se cerraron por lo que Jorge entró a trabajar en Septiembre 1995 en la sede central de Adidas en Alemania reportando al Vicepresidente de Auditoria Interna como parte de la estructura necesaria para sacar la empresa a bolsa. La salida a bolsa guiada por el Chief Financial Officer, de Adidas, un MBA de Wharton, llamado Pierre Galbois, a quien Jorge considera su mentor, marcó un hito en Europa por ser la primera en hacerse de acuerdo a las normas IFRS resultando en una cuatruplicación del precio de salida bolsa en solo 1 año. Allí tuvo el privilegio de ver como en España surgía en 1996 un auténtico líder y gestor llamado Benjamín Clarí (del que Jorge se confesa entusiasta admirador) porque desde que le conoció nunca tuvo ninguna duda de que Benjamín lograría grandes cosas en el mundo de la gestión deportiva. Lo logrado por Benjamín Clarí de 1996 a 2005 confirmó la percepción de Jorge.

Tras su paso por Adidas, Jorge se mudó a Londres donde fue Gerente de Auditoría y Control de Fortune Brands, un gran holding americano que tiene intereses en el deporte como las marcas de Golf Titleist, Footjoy y Cobra. Posteriormente fue Vicepresidente de Auditoria de la empresa HEAD el fabricante de productos de esquí, raquetas y pelotas de tenis. Entre ambas empresas también tuvo su experiencia en Estados Unidos como Director de Auditoria Interna de la empresa consultora META Group, un consulting de tecnología que cotizaba en Nasdaq en Nueva York. Allí se familiarizó con el concepto de Retained Advisory Services (RAS) (que en español se traduciría como Servicios de Asesoramiento Exclusivo) a clientes como American Express, Bank of America u otro tipo de instituciones globales. Jorge reside actualmente en Fráncfort, Alemania en función de su último rol como Controller Financiero para Europa en un proveedor americano de General Motors. Sin embargo debido a la bancarrota de esta empresa los proyecto de Jorge son actualmente de consultoría. Como European Financial Contractor de Adams Harris una pequeña firma de Atlanta, y Solomon Edwards, otra firma de mayor alcance, se especializa en US GAAP, Sarbanes-Oxley y gestión de riesgos. También es consultor de Primary Insights. Cmo fundador de Spanish Leadership ofrece RAS a deportistas, empresas y entidades deportivas y también como uno de los expertos de LinkedIn en Alemania (como se puede ver en su perfil público http://de.linkedin.com/in/jorgezuazola que sale el primero en búsquedas en Google) asesora a empresas para desarrollar sus redes de negocio.´ Ha publicado 2 libros sobre LinkedIn en inglés y español y uno sobre el Mundial titulado: Spanish Leadership: El buque guía español nos trajo el oro de Sudáfrica gracias a su humildad.

A nivel futbolístico Jorge está orgulloso de decir que es solo hincha del EFC (España Fútbol Club). Para él no existe más color que el rojo y amarillo. Jorge entiende que cuanto más progresen los equipos españoles en Champions (llámese Spanish Liverpool, Arsenal Villarreal o Sevilla y no solo Madrid o Barca) mayores serán las opciones de que Vicente Del Bosque tenga un equipo altamente experimentado. Una de sus mayores satisfacciones futbolísticas tras volver del Alemania-España de Viena fue el leer la unanimidad de la prensa alemana destacando que los 11 titulares españoles eran experimentados jugadores de la Champions League lo cual fue la clave del éxito de España. Por el contrario del once titular alemán solo había 4 titulares genuinos en Champions: Lahm Schweinsteiger Ballack y Klose puesto que ni Lehmann ni Podolski ni Metzelder eran titulares en sus respectivos equipos y el resto no eran jugadores regulares de Champions. Su idea de fundar Spanish Leadership.com surge de una serie de conversaciones y encuentros incidentales con Iker Casillas, Xavi Hernández, Carles Puyol y Andrés Iniesta en Bruselas en Octubre 2008 durante la disputa del Bélgica-España de fase clasificatoria para el Mundial 2010.

1.1. Octubre 2008: La idea surge en un viaje Fráncfort-Bruselas-Fráncfort

En Octubre 2008 aproveché las vacaciones alemanas otoñales de las Herbtsferien parar irme a Bruselas a ver el Bélgica-España de calificación para el Mundial 2010. Mi objetivo era doble. Por un lado verificar in situ que lo que había vivido en el Ernst Happel de Viena el 29 Junio 2008 no era flor de un día y por otro lado pasearme con orgullo con mi bandera española por la capital de Europa Bruselas como campeón de Europa.

Estando en el hotel de la selección española para recoger mi entrada, de manos de las grandes profesionales que son Silvia Dorschnevora y Paloma Antoranz de la Real Federación Española de Fútbol, tuve que hacer mi tiempo de espera como todo el mundo. En este tiempo de espera me hice esta foto con los vascos españoles del equipo (Xabi Alonso y Andoni Iraola) así como con Miguel Gutiérrez, fisioterapeuta de la selección que en Octubre 1984 me trató en la consulta del doctor Carlos Ruiz (ex delantero centro del Athletic de Bilbao y el Espanyol de Barcelona) de una recuperación de rodilla tras una operación de menisco que me llevó a dejar el fútbol por la Universidad pues no me operé del ligamento cruzado que tengo roto.

Iker Casillas se encontraba en un salón charlando con algún asesor. Tras acabar la charla nos saluda a un grupo de aficionados y dice en alto "Me voy a ver una película" Le digo ¿Tienes Internet para ver? Me contesta que sí. Y le digo ¿Te has visto ese video que hay colgado por ahí en el que salen los de tu pueblo de Móstoles con la camiseta de Móstoles a Viena?. Me dice Iker "No ¿Cuál es?. Le di el título que había visto colgado en Internet y me dijo lo veo (Iker es de Móstoles).

España ganó aquel día en Bruselas, cuando don Andrés Iniesta nos deleitó con aquel golazo. Lo que no sospechaba yo es que al día siguiente me iba a topar con él en persona. Yo salía en un vuelo a Fráncfort sobre las 10.30 porque estaba de vacaciones. Y por lo visto Xavi Hernández, Carles Puyol y Andrés Iniesta ya estaban en la onda de maravilla de Pep Guardiola porque habían hecho noche en Bruselas para descansar y tomar el primer vuelo a Barcelona para llegar al entrenamiento del Barca.

Según paso el control de seguridad y metales en una de las multitudinarias colas del mal organizado aeropuerto de Zaventum de Bruselas miró a mi cola de la izquierda y veo un pitufo con pelo picho "engominadín" que resalta por no ser hombre de negocios. Me digo (no puede ser Xavi). El tipo andaba inclinado y con un montón de gente de corbata solo lo cual daba el cante. Volví a mirar tras dar unos pasos y cuando yo ya había recogido mi equipaje de mano, vi que era Xavi. Me di cuenta de que como habían estado 10 días en Estonia y Bélgica su maletón de equipaje de mano no era aceptado por seguridad. Así que salté a echarle un cable con el inglés porque le quitaban todo tipo de cremas que llevaba. Le dije a seguridad del aeropuerto quién era y que le tratasen bien.

Mientras esperaba a Xavi vuelvo hacia atrás a la cola donde yo había pasado y veo uno que en español tiene melenas. Le veo de perfil y que hace un gesto de enfado con tanto coñazo de control. Y es Puyol, cuando voy a acercarme a él casi empujo con mi tamaño a otro diminuto que va de traje sin corbata y que es Andrés Iniesta.

Le digo a Andrés, "primero enhorabuena por tu golazo y segundo gracias". Y me contesta como un caballero que está tímido hablando conmigo: "Muchas gracias". Me deja perplejo y mientras esperamos a Xavi los 3, nos hacemos dos fotos por separado con cada jugador. La seguridad se pone a gritar en inglés y se me echan encima. Pero yo solo me acelero cuando hablo español. En inglés no acepto lecciones. Me querían confiscar la cámara. Le dije a la tipa que saliese su manager o llamaba a la policía. Vino la manager. Le enseñé que tenía fotos en el estadio y con los jugadores en el hotel y que no iba a entregar mi cámara. Me pidió que borrase las fotos en esa zona de seguridad del aeropuerto delante de ella. Lo hice. Le mostré liderazgo y aceptó. Me dejo ir y Xavi ya venía hacía nosotros para subir las escaleras mecánicas.

Le digo a Xavi, "es que son muy estrictos". Me dice "joe macho aquí te miran todo hasta tu ropa interior". Le digo: Hasta la cámara casi me quitan. Ahora nos hacemos una foto en la zona de arriba. Y le digo: "No he venido desde Francfort para estar avergonzado de vosotros sino orgulloso, voy a crear una empresa de liderazgo por Internet". Y Xavi me dio la primera lección de liderazgo, me miró a los ojos y me dijo ¿Sí? Y yo le expliqué que algo quería hacer. Que tras haber estado con 12.000 españoles (aquello parecía el Ernst Happel de Viena) venidos de Bélgica, Holanda, Francia, Alemania y hasta un autobús de Edimburgo, algo había que hacer por la gente. "¿No viste la pancarta de Gracias Campeones?" le dije. "Si si", me responde el tipo anonadado.

Tras subir las escaleras, nos hizo la foto final y válida un ejecutivo belga que luego salió corriendo detrás de Puyol. No les había reconocido inicialmente pero luego le dijo Puyoooooooollllllll. Y era ejecutivo de empresa. Me dí cuenta como Carles era reconocido y admirado como un Spanish Leader mientras que nosotros en nuestra nación somos caínitas a todas horas.

Después me fui a una sala de Frequent Flyer de Lufthansa y ví que el video que le había dicho a Iker había tenido visitas el día anterior. Hice un query en Internet y me dio BELGICA como último país donde se había visto el video más de 20 veces. Me di cuenta que los jugadores habían visto el video por orden de su capitán y líder. Esa fue la prueba definitiva para pensar en un concepto llamado Spanish Leadership. El espaldarazo fue la Copa Davis de Emilio Sánchez Vicario en Argentina unos meses después. Me linkedineé con Emilio en 2009 y nuestro héroe estaba encantado con el concepto. Además Emilio Sánchez Vicario me decía que Feliciano López está encantado con Spanish Leadership pues en los meses previos a la consecución de la cuarta Copa Davis en 2009, un video de youtube sobre el espírítu de equipo nacional de tenis le gustaba mucho. Como verás en la sección 1.2 todo es consistente Leadership, network and teamwork all goes hand in hand. Por eso amén del logo oficial de www.spanishleadership.com en la sección de copyright de nuestra web, ponemos un banner con nuestros deportistas. Ellos son el ejemplo de Spanish Leadership, ejemplo de TEAM ganador y no de individualismo perdedor.

1.2. La definición de liderazgo es sólo una simple frase.

En una frase: Liderazgo es tratar con gente desde el principio hasta el final

La mayoría de la gente en España equivocadamente diría que liderazgo es visión, coraje, credibilidad, determinación o incluso militarismo o política. En Spanish Leadership creemos sinceramente que liderazgo es, primero y sobre todo, tratar con la gente. Se trata de que los líderes sean capaces de liberar a la gente para que estos hagan lo que necesitan hacer en la forma más productiva y beneficiosa para ellos y para todos. Tú no te puedes llamar líder y no tener seguidores.

Los logros y enhorabuenas más grandes de un líder son sus seguidores y sus seguidores reflejarán el valor positivo y las misiones de un líder. Lógicamente lo opuesto es también verdad: Liderazgo defectuoso – por ejemplo la falta de integridad, que, tristemente, a menudo asociamos con los políticos de la España de hoy- se reproducirá por sí mismo en sus seguidores más defectuosos aún.

Esta es la razón por la que el logo de Spanish Leadership es en inglés, TEAM porque TEAM equivale a:

Together
Everybody
Achieves
More.

Spanish Leadership es un triple iii (Internet Ideas Incubator o Incubadora de Ideas en Internet) en inglés. Tiene que ser en inglés porque tristemente la mayoría de los hombres mujeres de nuestro país piensan que ser fluidos en inglés no es un deber. Equivocadamente piensan que alguien vendrá y les pondrá un alfombra roja para ser fluidos en un inglés de buen nivel. Todos los que están asociados a Spanish Leadership son nativos españoles. Sin embargo como TEAM combinamos más de un siglo de experiencia internacional en Europa, Estados Unidos, Asia Pacifico, África y Sudamérica. Somos todos seriamente fluidos en inglés.

El Liderazgo es simplemente realizar acciones y motivar a los otros a hacer lo mismo. Contrariamente a la creencia generalizada en España, el liderazgo no es solamente tener una posición de trabajo para chorrear del mismo (y aclaro que la palabra chorreo la aprendí muchos años después de haber aprendido en inglés la palabra Spout). La mayoría de la gente que está España no entiende (o no quiere entender) que las posiciones y los títulos de trabajo van y vienen. Las acciones y las relaciones son las marcas del verdadero liderazgo, y son las marcas que duran para siempre.

Sin la gente nunca puede haber liderazgo. La gente es el corazón, alma y espíritu de cualquier organización. Sin gente no hay necesidad de líderes. Los líderes son por tanto responsables de ver a su gente utilizar sus activos y cualidades. Son los que son responsables de la próxima generación de liderazgo. Tienen que concentrarse en lo que la gente se puede convertir no en lo que son en el momento presente. La función del liderazgo es producir más líderes, no más seguidores.

El éxito es una decisión. Tú puedes convertirte en el líder de los lideres si te adhieres al principio de que el crecimiento y el desarrollo de la gente es la cualidad más alta de liderazgo. Queremos españoles nativos, fluidos en inglés, que surjan como líderes en la arena mundial. En el campo de los negocios, deporte, investigación, innovación, caridad, y emprendedores entre otros muchos campos.

Tú decides si nos quieres seguir y ser un verdadero Spanish leader.

1.3. El ser excelente es la antítesis del cainita y del mediocre

Dentro de mi amplísima bibliografía (mayormente en inglés salvo algunas excepciones en español) verás una referencia al libro El Ser Excelente del catedrático mexicano Miguel Ángel Cornejo. Es un libro que leí hace muchos años y que me he leído 2 veces. El Profesor Cornejo es un prestigiado conferenciante que ha convocado a miles de personas en conferencias en todo el mundo (España incluida) para escuchar sus conceptos de la Excelencia del ser humano.

Probando que creer en supersticiones es de un ser mediocre (y utilizarlas a toro pasado de cainita) el libro de Cornejo te da los 13 retos de la excelencia. No voy a parafrasear a Cornejo porque te reto a que compres su libro y como español vuelvas a nacer mentalmente aprendiendo de un mexicano (me refiero a que siendo España parte de Europa se habla un castellano mucho peor que en muchos países de la América Latina, y….. se discute a todas horas con malos modos). Cornejo viene a decir que el Ser Excelente es:

1. El que hace las cosas y no busca excusas para no hacerlas
2. El que produce oportunidades para alcanzar el éxito
3. El que con una férrea disciplina forja un carácter de triunfador
4. El que se traza un plan y logra los objetivos sin importar circunstancias
5. El que dice en alto que se equivocó y propone no cometer el mismo error
6. El que se levanta con superación cada vez que se cae con un fracaso
7. El que desarrolla plenamente sus potencialidades
8. El que alcanza la realización trabajando diariamente (fines de semana incluidos)
9. El que crea algo: sea empresa, sistema, vida u otras cosas
10. El que es responsable de sus propias acciones libres

11. El que actúa contra la pobreza, la calumnia y la injusticia
12. El que eleva su espíritu y sueña con lograr lo que parece imposible
13. El que trasciende a nuestro tiempo legando a las futuras generaciones un mundo mejor

A sensu contrario Cornejo también hace un comentario sobre aquellos que se transforman los viernes para vivir plenamente el sábado y el domingo por la noche empiezan a morirse nuevamente, y el lunes van como zombis a la oficina arrastrando la cabeza deseando que vuelva a ser viernes por la tarde para reiniciar su transformación.

Para mí ese es el ser español cainita y mediocre hoy en día. Tras comprar el dominio spanishleadership.com fundé un grupo del mismo nombre en la red de profesionales www.linkedin.com. Ahí tengo buenos amigos y asociados. Pero desgraciadamente abundan los quejicas, llorones y cainitas. Recibo desde finales del 2008 docenas de E-Mails (cuando no llamadas) diciendo "Jorge colócame, búscame algo fuera de España o en España". Esto me hace pensar que un ingeniero maño en Madrid que habla inglés, español y alemán mejor que yo tiene razón cuando habla de los paralelismos entre España y la India por el sistema de castas. No te ofendas. Es verdad esta observación. En EE.UU, Reino Unido, Alemania u Holanda lo de las castas no se tolera. En España ser hijo de es todavía un factor. Nunca saldremos adelante como país por esto (entre otras muchas cosas). Y digo salir adelante para ser el primer país de la tierra.

Ha sido esta actitud de unos cuantos no excelentes la que me ha llevado a escribir libros. Spanish Leadership no estaba ligado al Mundial 2010. Ya teníamos líderes consagrados como Pau Gasol, Rafa Nadal, Feliciano López, Emilio Sánchez Vicario, Lolo Sainz (te recomiendo su web aprendedeldeporte.com), Alberto Contador, Fernando Alonso, Iker Casillas, Fernando Torres, Xavi Hernández, Carles Puyol, Dani Güiza, Pepe Reina, Andrés Iniesta, Marcos Senna (lo cito como mejor jugador español en la Eurocopa para mi gusto y por ser el fundador de una fundación con su nombre contra el hambre y la pobreza, lo cual evidencia la excelencia a la que se refiere Miguel Angel Cornejo) y tantos otros.

Si sigues quejándote, lloriqueando nunca llegarás a la excelencia de liderazgo.

1.4. Siendo leadership= buque guía, el Real Madrid no es un buque guía español

Los montajes photoshop de nuestra web tienen a Iker Casillas como epicentro de nuestra idea de Spanish Leadership. No por madridismo (yo no tengo colores como dice mi biografía y David que lleva la web desde Miami es culé) sino porque así fue cómo surgió la idea de Spanish Leadership antes descrita.

Siendo España campeona de Europa, y bien posicionada para ser campeona del mundo, llegó el 1 de Junio de 2009, justo en el medio de la mayor recesión económica mundial desde la Segunda Guerra Mundial, Florentino Pérez a la presidencia del Madrid, sin el voto del socio madridista.

A mí me llamó la atención que todo tipo de información en España era subjetivamente favorable a su retorno. Ni una sola crítica. Objetivamente estos fueron sus logros en el periplo deportivo 2000-2006 (esta temporada es suya también aunque se fuese antes)

- 1 Champions de 6 ganada contra un equipo alemán que aquí en Alemania se le conoce como Bayer NEVERkusen y además

    a) logrando en 6 años solo el 50% de las Champions ganadas por Lorenzo Sanz en tan solo 3 años (1998 y 2000)

    b) logrando el mismo número de Champions que el Barca en ese periodo pero el Barca hizo doblete en 2006 de Liga y Champions

    c) logrando el mismo número de Champions que el Liverpool (2005) de Rafa Benítez un ilustre madridista que la ganó en su primer año

- 2 Ligas ganadas de 6 pero

    a) con un Barcelona que ganó 2 ligas en el mismo periodo y haciendo doblete con Champions en una de ellas (2006)

    b) con un Valencia del madridista Rafa Benítez que ganó 2 ligas en el mismo periodo y haciendo doblete de con la UEFA en una de ellas

- 0 Copas del Rey 6 pero además

    a) creando animosidad en toda España anunciando un triplete nunca llegó y perdiendo con el Deportivo en el Bernabéu en el 2002

    b) perdiendo con el Real Zaragoza en el 2004 en la final de Montjuic que la postre significó un largo periodo de sequía

En cualquier país serio, la pregunta que se hubiese hecho la gente hubiese sido:

¿Cuáles son los logros deportivos de Florentino Pérez para optar a la re-elección? No leí esa auto-crítica en ningún sitio.

Siempre pensé que un presidente que según llegó en Junio 2000 ninguneó al entrenador Vicente Del Bosque (ganador de 2 Champions) e impuso la venta de Fernando Redondo al Milán (dejando así al equipo sin medio centro) y que repitió el error deportivo con Makelele en el 2003 (justo después de haber echado a Vicente Del Bosque y Fernando Hierro), había cometido muchísimos errores desde el punto de vista de la gestión deportiva. Lo cual no dice mucho en favor del leadership entendido como buque guía en el que hay que mirarse o al que hay que seguir.

Pero como hay que ser humilde presté especial atención a su retorno. Y noté una serie de errores que dudo mucho Bernabéu hubiese cometido. Digo dudo mucho porque los errores se sucedieron en cadena durante los meses de Junio y Julio 2009. Aquí una breve cronología:

- Tras fallarle Arsene Wenger, se filtra a los medios (radio) que permanecía atento al trabajo de Juande Ramos porque no tenía entrenador. En vez de respetar el trabajo de un entrenador español que estuvo toda una vuelta en

Liga ganando (menos un empate con el Atlético tuvo un record back to back de victorias) acepta el consejo sesgado de Jorge Valdano apostando por un técnico argentino-chileno una vez más en detrimento de un español. El primer día de su presidencia (1 de Junio) ya comienza con un error: ningunear a un gran técnico español que demostró su Spanish Leadership en la Premier.

- Sin tener en cuenta los riesgos del contrato hecho por su antecesor para comprar a CR 7 se lanza a comprar a Kaká por 65 millones de Euros el segundo día de la presidencia para demostrar que consigue lo que no consiguió su antecesor. De mientras se filtra en sus entornos mediáticos que CR 7 vendría en Julio por 10 millones de Euros menos que Kaká

- Logrado el efecto conseguidor con Kaká para tener viento de cola con la prensa y la gente comete multitud de errores de imagen internacional (algo de lo que presumen los que creen en el término galácticos) en el fichaje de CR 7 que le llevan a pagar 94 millones de Euros en vez de 55 como se sugería 10 días antes por parte de sus medios (radio).

- El primer fin de semana de Junio da una entrevista a L'Equipe y dice que utilizará sus buenas relaciones con el Manchester United para bajar el precio.

- A comienzos de la segunda semana de Junio llama a Manchester y se podría interpretar (en función del "official statement" del Manchester United) que recibe un British bloody nose (célebre frase de John Major) como el siguiente: "Deberías saber que el contrato firmado te exige hacer una oferta para el Lunes 15 de Junio por escrito y pagar los 94 millones de Euros el 30 de Junio so pena de pagarnos 30 millones de Euro por incumplimiento de contrato" Esta lectura del "official statement" del Manchester United es mas "factual" que los ríos de tinta emocionales que se escribieron en nuestra nación aquellos días.

- Creyendo que su declaracion a L'Equipe resolvía el tema de CR 7 deja a Valdano la imagen del club en los desayunos de TVE para decir que el precio de Villa era ya prohibitivo. Comenzaba su estrategia de minusvalorar a los españoles de Del Bosque v su precio de valor (entendido como calidad) de mercado.

- Unos días después, el Sábado 13 de Junio llama desde su yate de Mallorca a Manuel Llorente y le hace una insultante (para mí) oferta por Villa de 24 millones de Euros sacándose de la manga que Negredo vale 18 millones de Euros más llegando así a 42. Llorente le cuelga el teléfono cuando Florentino le justifica que pagará 55 por Ribery porque "éste iba a ser balón de oro"

- Habiendo mareado la perdiz (no era era necesario tanto ir y venir) en el tema Villa le llaman desde Lyon para decirle "Si pagas más que el Manchester te llevas a Benzema". Y ni corto ni perezoso envía a alguien de su confianza en avión (según sus medios) y acuerda pagar 35 millones por un suplente de la selección francesa que no está ni entre los 10 mejores delanteros centros del mundo, y que no es ni mejor que Alvaro Negredo. Y que no jugó ni el Mundial de Sudáfrica.

- Habiéndose equivocado en fichar "galácticos" cuando los galácticos a fichar eran Silva y Villa, Florentino sigue adelante a por Xabi Alonso que estaba en Sudáfrica. Como el Liverpool no acepta el Madrid pretende que la prioridad es vender pero no vende nada y al final acaba comprando a Xabi Alonso por 30 millones de libras esterlinas (The Times) que son unos 35 millones de Euros. Siendo un gran jugador Xabi la pregunta es si ese dinero no hubiese estado mejor empleado en Villa o Silva inicialmente.

Por contra en Marzo 2009 un joven caballero blanco llamado Eugenio Martínez Bravo al que servidor solo conoce de LinkedIn dió una conferencia de prensa y dijo lo siguiente como entonces único pre-candidato a la presidencia del Real Madrid:

1. Hay que recuperar el talento español. Es triste que cuando el Madrid jugó frente al Liverpool la semana pasada tuviese menos españoles que el conjunto ingles.

2. Los españoles triunfan en todas las categorías y hay que recuperar la importancia de la cantera, sólo debe llegar un jugador extranjero si es mejor que los de la cantera y que todos los españoles.

3. Hace años se ofreció al Madrid fichar a Kaká por 8 millones de euros y el antiguo presidente lo iba a fichar por 80. Hay que ahorrar.

4. Apostaremos por la figura del entrenador; algunos dicen que es como el modelo inglés, pero no es así porque lo inventó Bernabéu. Con estabilidad y confianza vendrán los éxitos.

5. Queremos que el club vuelva a ser honrado y limpio. Hay que presentar a los socios las cuentas, pero en un informe real. Aunque los trapos sucios se lavan en casa, enseñaremos las cuentas a los compromisorios. Lo que quiero es igualdad y limpieza.

6. A Florentino no le interesa que las elecciones sean el 24, pero a otros sí. No entiendo porque no da la cara ni él ni los de ética madridista. Y no entiendo que hagan cosas a espaldas de los socios. Es un error volver al pasado. Ya tuvo su momento y su experiencia debe ponerla en manos de gente más joven.

7. Quiero un entrenador muy contrastado de éxitos y con títulos. No me importaría firmar un contrato de 4 años y si va bien que siga. Evaluaremos al final, no durante.

8. Los últimos presidentes han gastado mucho dinero en fichajes galácticos. Sé que todo club se equivoca, pero hay que saber negociar rápido y con discreción porque las portadas de los periódicos aumentan mucho el precio de un futbolista. El precio por Cristiano es desorbitado, por menos podríamos fichar a alguna estrella española.

Y Eugenio apostilló "Lo nuestro es un Spanish Real Madrid frente al Real Milán de otros candidatos. Ya verás cómo te gusta"Esta frase es la que inspira este libro y la que da paso al TEAM work de los asociados y colaboradores de Spanish Leadership. Ya verás cómo te gusta.

Jorge Zuazola, Fráncfort, Alemania, 15 de Mayo de 2011

2. P: Por qué la marca Real Madrid es anterior a tiempos de Florentino Pérez (por Benjamín Clarí http://es.linkedin.com/in/bencla)

BIOGRAFÍA

Benjamín Clarí es el ejecutivo español que simboliza, y representa de-facto, la excelencia de gestión. Valenciano pero más defensor del futbolista español que el actual presidente del Real Madrid, Benjamín ha desarrollado toda su carrera profesional en el seno de algunas de las primeras multinacionales de productos de gran consumo como: Kellogg's, Chupa Chups, Kraft Foods, Gillette, Mattel y finalmente Adidas España donde fue Presidente para Iberia y miembro del Consejo de Dirección Europeo.

Además de ser un especialista en "Marca", en todas sus vertientes gracias a su experiencia en varias Direcciones de Marketing y Ventas, como Presidente/Director General ha dirigido personalmente procesos de reestructuración, de adquisición/fusión e integración de empresas. Es experto además en Gestión del Cambio y en todo lo relacionado con el mundo del Deporte.

Su dominio de varios idiomas, unido a la experiencia adquirida en los distintos países donde ha trabajado, como son Francia, Inglaterra, Estados Unidos, Arabia Saudita y Australia, además de España y Portugal, le han convertido en experto en "Management" Multicultural y en Comercio Internacional.

Filólogo Inglés, licenciado en Empresariales, es miembro del "Executive Network" de Mercapital, primera empresa española de Capital Riesgo. Ha participado en numerosos foros sobre marcas en todo el mundo y ha sido ponente en seminarios de Escuelas de Negocios. Actualmente es el socio fundador de GCC consultores empresa de consultoría en expansión que en tiempos de crisis ya ha abierto oficinas en Valencia, Zaragoza, Valladolid y Alicante.

En relación al fútbol no habría espacio alguno para enumerar todo lo logrado por Don Benjamín Clarí en el mundo del fútbol. Algunos recordamos con cariño y admiración encender la televisión en nuestro hotel de Río de Janeiro en 1996 y ver, en horas punta de la televisión brasileña, como el anuncio de Don Fernando Hierro y cierta bota de fútbol (cosecha absoluta de Benjamín Clarí) era el más mostrado en la televisión brasileña muy por delante de los anuncios de la misma empresa para el jugador alemán Sammer o el francés Desailly. El fichaje de Raúl hasta que se jubile fue otro de los logros en relación a la selección española. Pero a nivel de Mundiales cabe destacar que 12 de los campeones del mundo sub-20 en Nigeria fueron contratados por Benjamín Clarí en su momento lo cual da una idea de visión y liderazgo. Si bien razones personales le impidieron asistir a Viena fue Benjamín quién dio por hecho la victoria de España. Su conocimiento de los componentes de la sub-20 campeona en Nigeria le llevó a afirmar que esta generación de jugadores ganaría un Europeo y un Mundial. Y esa frase inspiradora nos llevó a crear Spanish Leadership.

2.1 El concepto de marca de club

El concepto de "marca de club", tal y como lo entendemos hoy (y salvo alguna honrosa excepción), no existía para los dirigentes de los clubes de fútbol europeos hasta fechas muy recientes.

Los clubes de fútbol eran eso: clubes donde se jugaba al fútbol (y en algunos casos otros deportes), donde lo que primaba eran los resultados de cada partido y no la cuenta de resultados.

Hoy en día esto ya no es así. Todo ha cambiado a una velocidad vertiginosa en los últimos quince años. A continuación veremos el porqué y el cómo de esos cambios pero antes quisiera hacer un inciso y hablar de la persona que estuvo al origen de la "marca" Real Madrid y a quien le debemos el poder hablar de ella hoy: me refiero a D. Santiago Bernabéu.

Es gracias a su compromiso, su trabajo y sacrificio que el Real Madrid ha alcanzado el puesto de mejor equipo de la Historia. Y también gracias a su visión; porque cuando el Sr. Gabriel Hanot, periodista de diario francés l'Équipe, tuvo la brillante idea de crear un campeonato para que se enfrentaran entre sí los equipos campeones de liga de cada país, él no lo dudo ni un instante, impulsando con razón el proyecto desde el primer día con el resultado por todos conocido: el Real Madrid ganó la primera Copa de Europa en el año en 1956 y las de los cuatro años siguientes.

A esas cinco Copas hay que añadir una sexta que se consiguió en 1966 estableciendo una marca que hasta hoy ningún otro equipo ha podido ni igualar ni mejorar.

Esa fue la mejor forma de dar a conocer al Real Madrid fuera de nuestras fronteras: venciendo de una forma apabullante a los clubes campeones de los otros países durante cinco años seguidos. Fue entonces cuando empezó a forjarse la "marca Real Madrid" asociándole unos valores que han sido admirados a lo largo de más de medio siglo y que son la base sobre lo cual hemos podido construir lo que es la "Marca" Real Madrid hoy. Gracias D. Santiago.

Pero volviendo al tema que nos interesa, como ya hemos dicho, el concepto de marca tal y como lo conocemos hoy no existía hasta hace bien poco.

Hubo dos elementos decisivos para que esto cambiara:

- Por una parte el interés de las televisiones privadas para retransmitir los partidos pagando fuertes sumas a los clubes, inversión que recuperaban gracias al sistema de "pay per view".

  Este sistema se implantó a partir de los ochenta en Gran Bretaña y fue extendiéndose al resto de los países europeos, llegando a España a principio de los años noventa.

- Por otra parte la irrupción en 1996 de Nike en el escenario del fútbol mundial con un enfoque de marketing clarísimo y unos contratos de patrocinio multimillonarios que rompían con todo lo conocido hasta aquél momento.

Esto obligó a las otras marcas deportivas a reaccionar. Adidas, que hasta entonces gozaba de un casi monopolio en ese mercado desde hacía décadas y patrocinaba la mayoría de los clubes importantes y selecciones de Europa (en Francia, todos los clubes de Primera División y la Selección Nacional llevaban las tres bandas), al igual que el resto de las marcas deportivas, se vio obligada a cambiar su forma de trabajar con los clubes que patrocinaba para proteger su liderazgo en un segmento clave para ella ofreciendo unos contratos más caros y un enfoque nuevo a la relación con el club.

Y así, los clubes que hasta aquél momento malvivían del dinero que les reportaban los abonos, las entradas, la publicidad de las vallas en el campo y el traspaso de algún jugador (pocos en aquella época) y algún que otro concierto, descubrieron que no solamente podían generar unos ingresos importantes gracias a las televisiones y el patrocinio de las marcas, ya fueran deportivas o no, sino que además, eran los dueños de algo que ellos hasta entonces no habían valorado nunca: la marca de su Club.

En el caso del Real Madrid, la primera vez que los directivos del Real Madrid oyeron hablar del concepto "Marca Real Madrid" y de su potencial fue el 29 de abril 1997 cuando adidas les presentó su propuesta de patrocinio. Además les sorprendió sobremanera que exigiéramos que la marca estuviera registrada en todos los países del mundo. A raíz de esta petición se descubrió que la marca Real Madrid no solamente no estaba registrada en todos los países, sino que había países donde particulares la habían registrado a su nombre. En esos casos, el club tuvo que ir negociando uno por uno la compra de los derechos a esos particulares y un ejemplo de ello fue Francia. Esto no es ninguna crítica contra nadie: para las directivas de los clubes de fútbol (e insisto: de todos los clubes), su misión era conseguir títulos no resultados financieros ni gestionar una marca.

Hasta entonces la relación club-marca deportiva era más bien del tipo:

A petición de la marca deportiva, se celebraba una reunión que se desarrollaba más o menos así:

- Tú tienes un club de fútbol.

- Yo fabrico material deportivo.

- Tú necesitas el material para tus jugadores y a mí me interesa que tus jugadores utilicen mi material.

- Vamos a negociar un contrato, (normalmente de dos, máximo tres años), y a cambio del material que necesitas y de algo de dinero (cifras ridículas en comparación con las de hoy), tus jugadores utilizarán tu material.

(No sonriáis por favor, porque las cosas ocurrían tal y como os lo acabo de contar y hasta os podría hablar de importes de contratos que se jugaron a las cartas…)

Se llegaba rápidamente a un acuerdo entre el club y el proveedor, se firmaba el contrato y lo más habitual era que no se volvieran a reunir para hablar del tema hasta la negociación siguiente, es decir unos dos años o tres años después. Cada uno iba a lo suyo.

Quien llevaba esas negociaciones para las marcas, solía ser un ex-jugador de fútbol, o alguien estrechamente relacionado con el fútbol, cuya única preocupación era asegurarse de que el material estuviera bien y en la cantidad estipulada en el contrato, de que se entregara a tiempo, de que los jugadores estuvieran contentos (entiéndase: consentirles todos sus caprichos) y poco más.

Se añadían las equipaciones del club al catálogo general de productos que la marca deportiva ponía a la venta y si se vendía, bien. Y si no, también. Y cuantos más clubes, mejor.

Ni el club pensaba que pudiera sacarle más partido al patrocinio, ni la marca veía al club como vehículo de marketing que le pudiera ayudar a desarrollar la suya propia y conseguir unas ventas importantes de ese producto. En el mejor de los casos, se recuperaría algo del coste a través de la venta de las réplicas.

El coste del contrato de un club de fútbol estaba englobado dentro del presupuesto de "*Sports Marketing*" y aquello era sagrado, intocable y con preferencia sobre cualquier otro deporte. El coste no se medía contra ningún resultado o casi.

2.2   La llegada de Robert Louis-Dreyfuss a Adidas

Pero todo eso cambió en adidas con la llegada del Sr. Robert Louis Dreyfuss (q.e.p.d) en 1993. El Sr. Dreyfuss, con una visión de marketing muy clara (venía de Saatchi & Saatchi), sacudió los cimientos - a todos los niveles - de una empresa hasta entonces totalmente acomodada y aletargada, que seguía viviendo con su mentalidad de fabricante inmersa en los recuerdos de su gloria pasada; todas esas conductas la llevaron a perder el puesto de líder mundial a manos de Reebok primero y Nike luego y la colocaron al borde del abismo ya que estuvieron a punto de cerrar. Ya sé que parece difícil de creer cuando uno lee los resultados financieros del grupo, que hace tan solo 18 años, de no haber llegado el Sr. Dreyfuss, adidas hubiera cerrado. Pero fue así.

Fue él quien implantó la nueva filosofía de la empresa gracias a la cual adidas es lo que es hoy, y que nos permitió a quienes nos incorporamos en aquellos años conseguir lo que conseguimos.

En fútbol, el mensaje era claro: en cada subsidiaria importante, teníamos que patrocinar al mejor Club y a la Selección Nacional. Pero no de la forma que se venía haciendo hasta aquél momento, sino aplicando criterios empresariales; en otras palabras, había que convertir el patrocinio en un negocio rentable tanto para el club como para la marca que de esa forma recuperaba parte de la inversión del patrocinio.

Eso requería llevar a cabo muchos cambios tanto en el seno de la empresa como en los clubes. Y el menor no era precisamente convencer al club objetivo.

La relación adidas/Real Madrid quedó plasmada en el Plan de Negocio que empezó a prepararse en adidas a finales del 1996 y se presentó a la junta Directiva en el hotel Meliá Castilla el 29 de abril 1997, el mismo día que el entrenador Capello anunciaba que se iba del Club al finalizar la temporada. La propuesta de adidas que fue aprobada por la Junta Directiva del Real Madrid sentaba las bases para el crecimiento del negocio adidas/Real Madrid, rompiendo con todo lo conocido hasta aquella fecha en cuanto a negociación de un contrato de patrocinio se refería:

- Duración del contrato de diez años en vez de los 2/3 habituales.

- Valor del contrato más alto de la historia tanto para el club como para adidas.

- Importante ayuda económica al Club para sacarlo de la situación de quiebra en la que se encontraba.

- Comunicación diaria entre el Club y adidas.

- Trabajo en equipo para estudiar cualquier posibilidad de negocio que se pudiera presentar.

Ese enfoque nuevo para la Junta Directiva presidida por D. Lorenzo Sanz sólo fue entendido por el Vicepresidente D. Juan Onieva. Para el Sr. Sanz, el nuevo contrato no era más que una forma distinta de conseguir más dinero y no colaboró en nada para que las cosas cambiaran. Para su Vicepresidente sin embargo fue todo lo contrario: se dio cuenta inmediatamente del potencial de la propuesta y tomó las medidas necesarias dentro del club para que se pudiera llevar a cabo el Plan que habíamos presentado. Así se creó un Departamento de Marketing del Real Madrid para coordinar las actividades entre el Club y adidas; se registró la marca Real Madrid en todo el mundo, recuperando la propiedad de la misma allí donde era necesario y a través de la distribución de adidas, el escudo del Real Madrid empezó a estar presente en las tiendas de deporte y grandes almacenes de todo el mundo.

A partir de ese momento el Real Madrid se centró en el aspecto deportivo consiguiendo la segunda Copa de Europa bajo la presidencia de D. Lorenzo Sanz el año siguiente (1999) y adidas se encargó de toda la parte de marketing/merchandising consiguiendo unas ventas record de productos del Real Madrid.

Porque si el Real Madrid como equipo de fútbol era conocido a nivel mundial, el conocimiento y desarrollo de la "marca Real Madrid" a nivel internacional se lo debe a adidas que no se limitó al aspecto comercial sino que también fue preparando giras tanto en Extremo Oriente (Japón, China) como en América (EE.UU, México) y participó activamente en la venida de figuras patrocinadas por ella al club.

Las bases de lo que es hoy el Real Madrid tanto a nivel deportivo como comercial fueron por lo tanto sentadas desde el año 1997, dos años antes de la llegada a la presidencia del Sr. Florentino Pérez.

El concepto de la "marca Real Madrid" en su versión actual fue desarrollado mucho antes de que llegara él al club y lo que él y su equipo hicieron fue, por lo menos hasta el 2005 cuando dejé la Presidencia de adidas, seguir desarrollando el plan presentado en 1997 que seguramente habrán modificado y para adaptarlo a las necesidades actuales incorporando todas las tecnologías de las que disponemos hoy.

Pero las bases de la "Marca Real Madrid" son muy anteriores a la era Florentino Pérez. Las estableció D. Santiago Bernabéu de Yeste.

Benjamín Clarí, Valencia, España, 17 Mayo 2011

3. **A: Actitud rasgo de liderazgo que es clave en la gestión (por Helena López-Casares http://es.linkedin.com/pub/helena-l%C3%B3pez-casares-pertusa/12/167/911)**

BIOGRAFÍA

Socia directora de Casares & Vaughan, consultora especializada en comunicación y liderazgo.

Es licenciada en Ciencias de la Información por la Universidad Complutense de Madrid (y doctorando por la misma universidad), Experta Universitaria en Comunicación Pública y Defensa por la UNED y el Instituto Gutiérrez Mellado, máster en Marketing y Comunicación por IDE CESEM, máster en Dirección de Comunicación y RR.PP. por ECOL-Universidad de Barcelona y especialista en presentaciones de TV por Comunicación y Práctica.

Es autora de *Nadal, pasión y coraje*, publicado por LID Editorial Empresarial, que identifica las diez competencias clave del tenista y las aplica al mundo de la empresa y del desarrollo personal; y de *Equipos 10, publicado por Divalentis,* donde analiza de las 10 competencias del trabajo en equipo, tomando como base el fútbol. Este libro cuenta con la colaboración de entrenadores de fútbol de primera división y del seleccionador nacional de la Selección Española de fútbol.

Colabora con la **Federación Española de Fútbol** a través de la revista *El entrenador español,* del Comité de Entrenadores, con artículos sobre motivación, habilidades y comunicación aplicados al deporte.

Dirige y presenta el programa radiofónico Edición limitada en **Gestiona radio** los sábados y los domingos de 9:00 a 12:00 horas. En **Vaughan radio,** conduce una sección especializada en comunicación y habilidades directivas.

Es columnista en diversos medios de comunicación especializados como *Capital Humano, Expansión y empleo, Business Manager Magazine, Know Square* o *Spain Sports Network* (especializado en deporte), medio en el que coordina la sección de tenis. Además, **presenta** y conduce actos y eventos.

Pertenece a la Asociación Española de Investigación de la Comunicación y a la Asociación Madrileña de Sociología.

Dentro del ámbito docente, acumula una experiencia de nueve años impartiendo programas de **formación** centrados en comunicación y habilidades directivas. Colabora con las escuelas de negocio EUDE y ESADE.

En su faceta como **conferenciante** participa en foros abiertos (Expomanagement, Personal España, Sports Business Symposium, Encuentro almeriense de directivos, Encuentro de directivos Cajasol) y en conferencias internas organizadas por empresas e instituciones

Ha ejercido la mayor parte de su carrera como responsable de comunicación y marketing en diferentes empresas, entres las que destacan Hewlett-Packard o Grupo SP, desempeñando labores de comunicación interna, relaciones con los medios, organización de eventos o iniciativas de comunicación externa. En los últimos cuatro años ha sido la responsable editorial de la colección Acción Empresarial de LID Editorial Empresarial.

Según piensas así rindes. Si crees que es posible, estás en lo cierto y si crees que no es posible, estás en lo cierto. Ambos enfoques se hacen realidad en el momento en el que tu creencia de partida sea una u otra. Estamos condicionados por las bases mentales desde las cuales partimos. En nuestra mano está el decidirnos por una u otra opción vital, por uno u otro camino. En definitiva, en nosotros está el proyectarnos hacia el éxito o el fracaso, ya que dependiendo de cuál sea el pensamiento desde el que salgamos, nos induciremos con nuestras actitudes hacia uno u otro resultado. Así por ejemplo en mi twitter http://twitter.com/#!/helenacasares señalé tras el tercer clásico (0-2 en el Bernabéu) que lo que no se juega no se puede ganar. Me refería al principio de que según piensas así rindes. Si piensas en un planteamiento defensivo juegas defensivo y no ganas.

3.1   Emociones colectivas

Según apunta Ovidio Peñalver en su libro *Emociones colectivas: la inteligencia emocional de los equipos,* algunos autores apuntan que hasta un 30% de los resultados o desempeño de un equipo se pueden ver alterados dependiendo de cómo sea el estado de su dimensión emocional colectiva. Este elevado porcentaje pone de manifiesto la necesidad de reconocer los estados de ánimo que imperan en un equipo, cómo determinan los comportamientos de los jugadores y tratar de impulsar los expansivos (que son los que nos llevan a conseguir los mejores resultados) y neutralizar los inhibidores (que nos incitan y conducen al fracaso).

Las emociones son experiencias muy complejas y difíciles de expresar. Por eso, cuando queremos hacer a los demás partícipes de ella usamos una gran variedad de términos, además de gestos y comportamientos. En cada instante experimentamos algún tipo de emoción o sentimiento y vamos variando este estado en función de lo que nos ocurre y de los estímulos que percibimos. Pero no siempre tenemos conciencia de ello, es decir, en ocasiones no sabemos ni podemos expresar con claridad qué emoción experimentamos.

El ser humano siente emociones positivas y negativas de distintos grados e intensidades y puede tener cambios de emoción bruscos o graduales, bien hacia el lado positivo o negativo. Todas las reacciones al resultado de los clásicos fueron reacciones intensamente emotivas

El científico humanista V.J. Wukmir planteó hace más de 30 años que la emoción es una respuesta inmediata del organismo que le informa del grado de favor del que goza un estímulo o situación. Es decir, si la situación se encuadra dentro de las preferencias y expectativas del individuo, la emoción experimentada es positiva, de lo contrario es negativa. En líneas generales, la emocionalidad colectiva positiva expande y libera el talento.

3.2 Un viaje de altos vuelos

La capacidad de observación es una habilidad característica de los grandes directores de equipos. La observación individual y grupal, de altos vuelos y rasa, es una habilidad que se entrena. ¿Para qué sirve? Para disponer de toda la información posible del terreno en el que se desenvuelven.

Al igual que un halcón, un entrenador activo debe moverse para ver el bosque desde arriba a la vez que está dentro. Proyectar su visión desde gran altura le ayudará a:

- Detectar el talento.
- Advertir los problemas con anterioridad.
- Recoger la parte positiva de los jugadores inconformistas, al no quedarse sólo en el detalle.
- Tomar decisiones con la mente fría.

Es evidente que José Mourinho pasa con nota los requerimientos del liderazgo de equipo antes descritos para un entrenador activo pero durante los clásicos de Champions la toma de decisiones con la mente fría no fue una virtud si consideramos su innecesaria expulsion.

Cuando en un proyecto, sea de la naturaleza que sea, el equipo advierte que el líder tiene el control de su funcionamiento, en el sentido de que no deja nada al azar, la estrategia está clara y los objetivos son compartidos por todos, es decir, que existe un orden y un significado, cada uno de los miembros, desde el convencimiento se centra en su misión, sin desviar su atención a otros puntos que les puedan dispersar. La tranquilidad de estar en un entorno armado y sólido, dirigido por alguien que sabe hacia donde va, mitiga los conflictos que puedan surgir.

Si, por el contrario, las premisas descritas no se dan, el equipo será un caos porque el proyecto no tiene un rumbo claro y, en lugar de avanzar, sus miembros estarán dando vueltas sobre sí mismos sin más motivación que cumplir el expediente. Aquí no hay desarrollo grupal ni progreso individual y el interés por el proyecto es muy bajo.

En este tipo de ambientes los integrantes del equipo maquillan su participación, por lo que la rentabilidad del equipo es nula, no hay ilusión ni diversión, y, por supuesto, el esfuerzo es mínimo, con lo que el rendimiento se resiente.

Los mejores se acabarán marchando porque no hay ningún atractivo en el entorno de trabajo que les haga estar satisfechos y sentirse realizados. No hay compromiso, como mucho, existe el conformismo, el peor enemigo para el interés y la motivación.

3.2 Las actitudes de partida del liderazgo

La humildad y la serenidad son dos valores seguros para el avance de cualquier proyecto porque nos ayudan a anclarnos en la realidad. La humildad es el contacto con el suelo, que evita que nos endiosemos y perdamos la noción de la realidad. Es la brújula que nos orienta de dónde están nuestras imperfecciones, las cuales pueden ser el origen de un miedo, y de las faltas que cometemos, con lo que no nos creemos superiores a nadie.

En un equipo deportivo, como en cualquier grupo social, ofrecer a los demás ayuda y soporte sin esperar nada hace que el equipo crezca y se fortalezca, ya que sus integrantes tendrán más confianza unos con otros y estrecharán lazos. La generosidad es el hábito de dar y entender a los demás y va unida a la humildad, es decir al contacto con el suelo. De hecho, humildad viene de la palabra latina *humilitas* que proviene de la raíz *humus,* que significa tierra. El humus es la capa de tierra más fértil. La humildad está relacionada con la aceptación de nuestras propias limitaciones, pero haciéndonos cargo de ellas.

Es decir, el contacto con el suelo nos hacer ser conscientes de nuestras imperfecciones y faltas, con lo que no nos creemos superiores a nadie. Además, somos capaces de reconocer que hay otras personas que son mejores que nosotros, valorándolas, reconociéndolas y dejándolas hacer. Pero el verdadero avance de la constatación de estas imperfecciones está en que debemos trabajar sobre ellas para ir paliando esas carencias. Por eso, y haciendo una comparación con el origen de la palabra, esta capacidad de darse cuenta de lo que hay es fértil porque supone una posibilidad de hacer aflorar nuevos talentos, competencias y habilidades.

La humildad dota de buen juicio, prudencia, honestidad y sensatez. ¿Qué es más sensato: intentar acabar una jugada luchando contra una barrera de adversarios imposible de traspasar o apoyarnos en un compañero muy bien situado en un hueco y con claras posibilidades de marcar?

Esa humildad unida a la entrega y a la generosidad nos capacita para aprender desde la actitud del máximo esfuerzo posible. Lo contrario es el orgullo y la prepotencia que provocan problemas de adaptación a un equipo. La actitud soberbia actúa como una pantalla que no nos deja ver más allá de nosotros mismos y muestra a los demás una versión caricaturizada de nosotros bastante ridícula. La falta de humildad tiene un efecto demoledor. Las personas dominadas por su orgullo creen que lo pueden todo, imponen sus decisiones a toda costa porque son las únicas verdades posibles y desprecian a los demás. Esta actitud es opuesta a la entrega y a la generosidad. La humildad es fortaleza y siempre da sus frutos. No hay nada más potente a largo plazo que la autoconfianza unida a la humildad.

La serenidad es una virtud importante para no perder la calma y pensar en situaciones críticas con la mente fría, sin las tensiones propias que genera no tener una situación controlada y, por tanto, ayuda a tomar mejores decisiones sin dejarse llevar por las emociones del momento.

El equilibrio y de la armonía interna ayudan a poner en juego el talento y a desatar su potencial. El miedo, una de las sensaciones que puede atacarnos en cualquier momento, es un proceso mental que predice algo amenazante en el futuro y que podemos cambiar conectando nuestra energía y nuestras emociones.

Fue ese innecesario miedo que predecía una amenazante semifinal de Championes el que llevó al líder Mourinho a plantear la semifinal con miedo ante un Fútbol Club Barcelona que venía derrotado de la final de Valencia.

Las personas capaces de superar sus miedos y conectar consigo mismas son las que se muestran más equilibradas y suelen tener un control estratégico de sus emociones muy acertado, sobre todo en momentos de dificultad. De hecho, los mejores jugadores son los que están más calmados cuando las circunstancias se vuelven en su contra.

En la práctica del fútbol, si el jugador se muestra nervioso es incapaz de manejar la larga lista de emociones nocivas que se va a dar en el campo y acaba cediendo a ellas. Todo está conectado, por lo que cualquier detalle tiene una fuerte influencia en nuestra actitud y posterior rendimiento. Simplemente el hecho de esbozar una sonrisa, desencadena en nosotros el flujo de energía positiva que necesitamos para avanzar, para superarnos, para llegar donde queramos. Mira como un ganador y verás el cambio.

El espíritu positivo todo lo puede. Dejemos de poner malas caras a todo, de mostrarnos hastiados, de ser tan susceptibles y de instalarnos en el mal humor y en la negatividad. El contagio de sensaciones positivas redunda en los resultados y un jugador obtiene un mayor rendimiento en el campo cuanto más inteligente sea su comportamiento.

La fuerza mental es otra de las características propias de los jugadores centrados, que saben enfocar su mecánica mental y física hacia lo que están haciendo en un momento determinado, sin alimentar demonios que mermen su autoestima y agranden los miedos. Tenemos que estar en el momento presente, en el aquí y en el ahora, que es donde siempre estamos.

Cuando sentimos miedo debido a la incertidumbre, es decir, por la sensación de no saber lo que va a pasar, hemos de pensar que todo lo que hagamos ahora tendrá su consecuencia en el futuro, por lo que controlamos más las variables futuras de lo que nos imaginamos. Aunque el primer motor de cambio somos nosotros y no debemos dejar a merced de los acontecimientos externos nuestras emociones, el entrenador tiene un gran papel como inhibidor del miedo si quiere sacar lo mejor de sus jugadores y plantear el partido perfecto. Para ello, debe trabajar en la generación de un clima abierto de intercambio en el que la confianza reine y se puedan superar los fantasmas, a veces de pesadas cadenas, que cada uno de los jugadores puede arrastrar.

El mensaje está claro. En el ejercicio del liderazgo debemos mirar al futuro, encarar el presente, visualizar los resultados, conocer el entorno, analizar nuestras fortalezas, plantarle cara a nuestras debilidades y ser conciente de nuestros recursos, siempre desde las mejores y más productivas actitudes.

Helena López-Casares , Madrid, España 22 Mayo 2011

4. N: Negación de responsabilidades es lo opuesto a liderazgo (por Pablo Moratinos (http://www.linkedin.com/in/pablomoratinos)

BIOGRAFÍA

Pablo Moratinos es socio o como se suele decir en inglés "Associate" de www.spanishleadership.com uno de los grupos de la red profesional por excelencia LinkedIN y que se define como una **triple I** en inglés (Internet – Ideas - Incubator o sea una Incubadora de Ideas por Internet). Español de nacimiento y corazón, de 37 años, se define como un ciudadano del mundo ya que lleva viviendo fuera de su querida España desde hace más de 30 años, a modo de recordatorio ha residido en países como Irak, Turquía, Francia, Argelia, Ghana, Costa de Marfil...; es doble licenciado en Ciencias Económicas y Empresariales por La Escuela Superior de Comercio Exterior (ESCE) de Paris y la Universidad CEU San Pablo de Madrid, y cursos de Executive Management por el IMD (Institute of Management & Development) en Lausanne.

Las bases de desarrollo se fomentan con la experiencia personal y profesional a lo largo de todos estos años. Un diez con mención especial para mis padres que con su esfuerzo y dedicación han aportado ese plus para que pudiese viajar y desarrollarme a todos los niveles. Me podría definir como un dinámico ejecutivo financiero de Management con conocimientos elevados de Leadership y de Networking. Altamente experimentado, habiendo desempeñado puestos Directivos en una amplia gama de sectores industriales, incluyendo la gestión de desechos ("waste management"), agua, petróleo y gas, y cemento y materiales de construcción. Además hay que añadir la facetan multilingüe: Inglés, Español y Francés, lo que le permite adaptarse a cualquier tipo de país o mercado, en definitiva un reconocido ciudadano del mundo con experiencia internacional y capacidades multi-culturales excepcionales de la comunicación.

Experiencias múltiples de auditor interno en Paris en la Compañía General de Aguas – ONYX, donde asenta sus bases en control financiero y auditoria. A raíz de un año empieza el periplo africano con experiencias sucesivas en empresas como CEPSA Exploración y Producción en un campo petrolífero en el desierto de Argelia donde se encarga del control presupuestario y de inversiones del proyecto de más de 2 Billones dc USD; un puesto de interim CFO en Accra (Ghana) con la filial española de SAUR International para un proyecto vía financiación española (crédito FAD); un puesto de CFO - Deputy General Manager en una molienda de cemento en Abidjan (Costa de Marfil) con uno de los mayores operadores mundiales el grupo HOLCIM y desde hace año y medio Freelance Consultant en diferentes proyectos a nivel financiero, auditoria y business development en diferentes países de África del Oeste y Central como Sierra Leona, Costa de Marfil, Ghana y República Democrática del Congo.

Uno de los mayores logros profesionales es haber podido descubrir la red profesional LinkedIN a través de mi amigo Jorge Zuazola, a través de la lectura del libro "Revolución LinkedIN la red profesional del management 2.0 del siglo XXI" del Dr. Juanma Roca, de Jan Vermeiren (uno de los tenores de LinkedIN) y otros que me ha aportado un mayor control y desarrollo de mi network, la base hoy en dia de la globalización y el liderazgo. Por citar una de las frases del Dr. Juanma Roca, "si no estás, no existes", en relación al objetivo que tiene la red LinkedIN hoy y lo tendrá mañana: es para mí la esencia del Management y la globalización de las empresas.

Como buen español y amante del deporte en general, ha practicado el futbol y a nivel futbolístico Pablo Moratinos se siente profundamente orgulloso de defender los colores del Real Madrid, ilustre Club que fundó y desarrollo a nivel planetario Don Santiago Bernabéu. Hoy gracias a **nuestra ROJA**, España domina el futbol mundial a través del trabajo de cantera de muchos Clubes españoles, no solamente por parte del Real Madrid o el F.C. Barcelona. Es importante el futbol base que es el único que puede fomentar un proyecto de futuro para cualquier Club, y además añadiendo valores de liderazgo y respeto de los demás para hacer cada día más grande al futbol español.

4.1.- Concepto de liderazgo

Para empezar nuestra argumentación presentaremos qué entendemos por liderazgo, ya que según la definición que hagamos consideraremos o no la ética como un rasgo fundamental del mismo. Lo primero que habría que decir es que existe una cierta oscuridad conceptual, no está nada claro en qué consiste el liderazgo. Como muestra de esto veamos las siguientes citas de renombrados autores en el campo del liderazgo:

- "En cierto modo el liderazgo es como la belleza: difícil de definir pero fácil de reconocer si uno lo ve (Bennis, 1990, p.1)"
- "Aunque conocemos mucho sobre nuestros líderes, conocemos muy poco sobre el liderazgo...El liderazgo es uno de los fenómenos más observados y menos comprendidos de la tierra (Burns, 1978, p.1)"

A pesar de la dificultad para definir el concepto de liderazgo, parece innegable que los líderes son necesarios. Siguiendo a Bennis (1990, p.12) podemos decir que "una persona sola puede vivir en una isla desierta sin liderazgo. Dos personas si son totalmente compatibles probablemente podrían entenderse y aún progresar. Si hay tres o más, alguien tiene que asumir la dirección, o de lo contrario estalla el caos". En todo grupo siempre hay quien asume las riendas, quien marca las pautas bien sea de modo formal (por la posición que se ocupa) o informal, si no las responsabilidades se difuminan y los objetivos no se cumplen. Y esta es una experiencia que se tiene en todos los ámbitos: política, educación, amistades,...

Si bien no existe una definición de liderazgo ampliamente compartida, vamos a señalar los componentes que pueden contemplar la situación de líder:

- **Influencia**. Tal y como hemos mencionado, el liderazgo es un proceso de influencia. Es raro el autor que no señala este rasgo, aunque con diferentes matices. Podríamos definir la influencia como la capacidad de producir en los otros ciertos efectos y de conseguir que se muevan en la dirección deseada.
- **Influencia diferencial**. Para entender lo que es el liderazgo no basta con hablar de influencia. En toda interrelación hay influencia entre las partes. Para que exista liderazgo debe haber un 'algo más'. Ese 'algo más' es lo que hace que unos sean líderes y otros no, y que los que no tienen esa capacidad no lleguen a serlo jamás.

- **Individuo-grupo**. Ha habido autores que han entendido que el liderazgo es consecuencia de unos rasgos de personalidad, es decir, que no es función ni del grupo ni de la situación. Otros, por el contrario, han visto el liderazgo como una característica exclusiva del grupo. Sin embargo, no nos parece que ni una ni otra

35

visión sea adecuada. No se trata de elegir entre el individuo y el grupo, hemos de considerar que el liderazgo no se entiende sin el grupo. El grupo actúa activamente sobre el líder. "El liderazgo es una influencia realizada con y en el grupo" (Pascual Pacheco, 1987, p.30). Este hecho marca un salto cualitativo en la concepción del liderazgo, ya que supone que lo que marca la eficacia del liderazgo no reside sólo en las características personales del líder, sino que también es fruto de la interrelación con el grupo. En definitiva, el liderazgo 'está en los ojos de los seguidores'.

- **Poder**. El poder es una clara fuente de influencia. Es clásica la distinción entre poder del cargo y poder personal (o entre poder y autoridad). El poder del cargo es aquél derivado de la posición que se ocupa en la organización. La posición lleva asociados estatus, roles, responsabilidades, y recursos que gestionar, todo lo cual otorga poder. El poder personal (autoridad), sin embargo, procede de las cualidades intrínsecas de las personas y de su modo de relacionarse. El liderazgo es poder en ambos sentidos, aunque tiene que ver especialmente con el poder personal, ya que trasciende lo que es la posición jerárquica. La palabra poder suele tener connotaciones negativas, puesto que se identifica con explotación y manipulación de los otros. Por esta razón, en muchas organizaciones se ha menospreciado el tema del poder, que es esencial para el liderazgo. No se trata sólo de ejercer poder, sino que se debe prestar atención a las necesidades y aspiraciones mutuas - del líder y de los colaboradores.

- **Objetivos**. El liderazgo va unido a la consecución de objetivos. En la historia de las organizaciones humanas, y en especial de las empresariales, habitualmente se ha dado una clara lucha y oposición entre los objetivos de dichas organizaciones y los de las personas que las componen. Hoy día este hecho está cambiando. El presente y el futuro del liderazgo empresarial pasan por la formulación y consecución de los objetivos de todas las partes implicadas en la organización. El trabajador ya no puede ser un mero fin para lograr los objetivos de la empresa, debe poder desarrollarse personalmente a través de su trabajo.

- **Valores**. Cuando hablamos de liderazgo es imposible eludir el tema de los valores.
Si, como acabamos de decir, el liderazgo va unido a la consecución de objetivos, al uso del poder, al ejercicio de influencia, no podemos olvidar que en todo ello hay implícitos valores, que, además se jerarquizan y se dan prioridad a unos sobre otros de forma explícita o implícita. En este sentido diríamos que el liderazgo es clave en la creación y transmisión de valores.

- **Responsabilidades**. Por último el liderazgo tiene que tener un componente de responsabilidad social, humana…El líder es un individuo responsable de sus decisiones y sus actos, que tiene que asumir siempre aunque las decisiones tomadas no hayan sido las idóneas.

Antes de pasar a ilustrar lo comentado anteriormente con ejemplos y sobre todo con lo que le ocurre hoy en dia a una Institución como es el Real Madrid, añadir que lo que diferencia al líder del que no lo es, es la **Honradez y el sentirse Responsable de las decisiones tomadas** (es la cualidad más demandada, y con diferencia puesto que no es cuestión sólo de parecer, sino también de ser. La honradez es como la fama, se construye ladrillo a ladrillo. Queremos líderes dignos de confianza y que asuman sus responsabilidades de líder); **Previsión del futuro** (se sigue a quien sabe a dónde va. No supone tener una capacidad superior y separada de la realidad. No se trata de tener 'poderes especiales'. Se trata de tener objetivos a medio y largo plazo y crear network); **Inspiración** (los líderes han de ser enérgicos, entusiastas y positivos sobre el futuro. Esto se contagia y hace que la gente se alinee en una dirección); y la **Competencia** (ha de saber lo que se hace y no necesariamente ser el que más sepa).

4.2.- Ejemplo de negación de responsabilidades en el Real Madrid

Partiendo de esta frase podríamos pensar que el Real Madrid, una de las mayores Instituciones del futbol mundial, carece totalmente de liderazgo en parte porque Negar las responsabilidades van en contra del concepto de liderazgo.

Desde hace algunos años, y sobre todo a raíz de la primera elección y reelección de Florentino Pérez, el Real Madrid a todos sus niveles carece de liderazgo ya que falla en todo lo que hemos descrito anteriormente sobre el concepto de liderazgo.

Aun siendo optimista, y qué lo soy siempre, no he tardado mucho en darme cuenta que este Presidente no es el que necesita el Real Madrid, Club que con la Historia que tiene, ya que esta persona mezcla el Deporte y el Club con sus intereses personales y empresariales.

La visión de este presidente es pésima y el presumir de dinero y de cash prevale más que los valores, la responsabilidad, los objetivos y la cantera.

¿Como es posible que se hayan despilfarrado más de 500 Millones de Euros (equivalentes a la friolera de 84.000 Millones de las antiguas Pesetas) para demostrar al mundo que el Real Madrid es un equipo sin liderazgo y sin valores comunes, y que solamente se habla de lo que se gasta el Real Madrid en fichajes como CR7, Kaká,…Qué ha ganado el Real Madrid con tanto estrellato?

A todo ello hay que añadir que no sé cómo se transparenta todo esto en términos contables y de auditoría. Un servidor, como antiguo auditor, no se lo cree y por lo tanto hay que rehacer el modelo del Real Madrid partiendo de la base, de la cantera y apoyar al futuro del Real Madrid, que no son nada más que los chavales de los equipos inferiores que sueñan con vestir algún día la camiseta en el Estadio de sus sueños (El Santiago Bernabéu).

Ahora paso a comentar algo que acabo de leer en el grupo de LinkedIN " Plataforma Blanca" (**http://www.linkedin.com/groups?gid=3128492**) fundado por Don Eugenio Martínez Bravo, y en el que yo coloaboro como Manager. Es una noticia de la agencia EFE de 4 Mayo 2011 en las que habla el ex jugador del Real Madrid Ricardo Gallego, que formó parte de la plantilla en la década de los ochenta. Gallego nos enriquece a los madridistas con las siguientes aportaciones en la web de Eurosport.yahoo.es:

1. Los valores del Madrid, desde que entró Florentino, han ido decreciendo. La imagen del Madrid de puertas para afuera se está ensuciando.

2. Hablar de madridismo significa hablar de honradez, humildad, trabajo, responsabilidades y equipo.

3. Ahora mismo, precisamente, estas actitudes no las hay, más bien al contrario. Con el tiempo, esperemos que no las echemos de menos

4. No veo normal que cada temporada haya un entrenador y que se cambien por temporada entre cinco o seis jugadores ya que eso da inseguridad e intranquilidad, se pierde el objetivo común y se piensa en lo personal

5. Si es por estadística, el número de probabilidades de salir del club es altísimo, conociendo la trayectoria de Florentino. Otra cosa es que con Mourinho se atreva a hacerlo porque le ha dado todo lo que se ha negado a dar a otros técnicos

6. Pepe debe ser más inteligente y no dejarse llevar por impulsos

7.   Cristiano Ronaldo, no crea superioridad con su juego, no desborda prácticamente a nadie en las últimas fechas y es un lastre que permite al rival recuperar el balón. En cualquier caso, creo que es problema suyo y no del sistema de juego. El Madrid ha jugado prácticamente todo el año igual y si vemos vídeos de principio de temporada, tampoco lo hacía.

En definitiva Gallego nos recuerda que si se quiere ser líder y además defender los colores del Real Madrid se tiene que seguir y aplicar la noción de liderazgo a raja tabla y ser consciente de lo que uno hace o deshace, pero sobre todo ser RESPONSABLE DE SUS ACTOS.

4.3.- Bibliografía

- Aranzadi, Dionisio, "El arte de ser líder empresarial hoy", 2ª edición, Universidad de Deusto, Bilbao, 2000.
- Badaracco, Joseph L. y Elsworth, Richard R, "Leadership and the quest for integrity", Harvard Business School, Boston, 1989.
- Bass, Bernard M, "Leadership and Performance Beyond Expectations", The Free Press, Nueva York, 1985
- Bass, Bernard M, "Bass and Stodgill's Handbook of Leadership: Theory, Research and Managerial Applications", 3ª edición, The Free Press, Nueva York, 1990.
- Bennis, Warren, "Cómo llegar a ser líder", Norma, Bogotá, 1990.
- Burns, James McGregor, "Leadership", Harper & Row, Nueva York, 1978.
- Gemmill, U. y Oakley, J., "Liderazgo: ¿un mito social alienante?", Capital Humano, nº 48, pp.32-40, septiembre de 1992.
- Gibson, James J., Ivancevich, John M. y Done lly, James H., "Las organizaciones: comportamiento, estructura, procesos", 8ª edición Irwin, Madrid, 1996.
- Kotter, J. P., "El factor liderazgo", Díaz de Santos, Madrid, 1990.
- Kouzes, James M. y Posner, Barry Z., "The Leadership Challenge: How to Get Extraordinary Things Done in Organizations," Jossey-Bass Publishers, San Francisco, 1987.

- Kouzes, James M. y Posner, Barry Z., "Credibility: How Leaders Gain and Lose It, Why People Demand It", Jossey-Bass Publishers, San Francisco, 1993.
- Pascual Pacheco, Roberto, "Liderazgo y participación: mitos y realidades", Universidad de Deusto, Bilbao, 1987.
- Zaleznik, Abraham, "Managers and leaders: are they different?", Harvard Business Review, pp. 67-78, mayo- junio de 1977
- Zalenik, Abraham, "La mística del management", Grijalbo, Barcelona, 1991.

Pablo Moratinos, Madrid, España, 16 Mayo 2011

5.I: Importante es gestionar el dinero de los demás sin despilfarros (por Marco Conde http://es.linkedin.com/in/marcoconde)

BIOGRAFÍA

Marco A. Conde es Licenciado en Periodismo por la Universidad Rey Juan Carlos. Natural de Casarrubuelos, localidad madrileña, es el creador y director de la web deportiva SportMiL, (www.sportmil.net) centrada en la información futbolística de los equipos de la Comunidad de Madrid, y director de contenidos del portal de noticias Fútbol Británico, (www.futbolbritanico.com). Fue redactor de la revista Futbolista Life, donde ahora ejerce como colaborador. Es experto en fútbol inglés, y gran conocedor de las ligas europeas. Amante de los desafíos, los nuevos retos y los caminos aún por indagar.

5.1 Planificación económica es tan importante como la deportiva

Tan importante es la planificación deportiva de la entidad como lo es la económica, incluso me atrevería a decir que ésta última está un peldaño por encima. Es el eje sobre el que pivotan todas las decisiones a tomar y la vara de medir a la hora de poder realizar algún tipo de gestión, por lo que un gran número de recursos deportivos dependerán, directamente, de la administración económica que lleve el club. Por eso, es de enorme valor poseer unas cuentas saneadas, públicas, conocidas por todos los socios, y consecuentes en cuanto a gasto se refiere. Hay que tener muy presente que se está gestionando con un dinero ajeno, unas cuantías, en determinados momentos, un tanto escalofriantes y excesivas para lo que se mueve diariamente, por lo que el autocontrol debe ser la tónica dominante en este tipo de acciones. Una gestión consensuada, determinada por el consenso y por la transparencia a la hora de acometer cualquier asunto o aspecto económico. Todos los números y cifras deben ser informadas, con la mayor claridad posible, a los socios del club ya que, al fin y al cabo, son ellos los que eligen a sus representantes en la directiva de la forma más democrática, mediante su voto en unas elecciones presidenciales que, a mi modo de ver, deberían ser cambiadas en los estatutos del club, pero eso es otro tema.

Hablar de dinero en el Real Madrid es hacerlo de uno de los puntales del equipo. El club blanco es el que más euros ha facturado en el último ejercicio, 2009/2010, por delante de Barça y Manchester United. La gran gestión económica llevada a cabo por el equipo de Florentino Pérez es asombrosa, la capacidad con la que ha trasladado el aspecto empresarial a este apartado de la entidad no se podía haber hecho de la mejor forma. Sin embargo, los éxitos de una club deportivo no pasan sólo por ser líderes de ventas de camisetas, por generar ingresos de publicidad o por abrirse a mercados antes inexpugnables. Uno de los principales baluartes del Real Madrid es su economía, pero no el único. Sobre él giran los demás aspectos, cuestión obvia, pero no tiene que servir como un papel dependiente para la toma de decisiones deportivas. El éxito se puede alcanzar eligiendo dos caminos: por un lado, se encuentra la compra de los logros. El dinero, poderoso en este aspecto, es el encargado de adquirir todo aquello que se proponga a golpe de talonario. De la forma más mercantilista se consiguen las claves del éxito, una compraventa de los triunfos que son flor de un día y no sirven para hacerlos perdurar en el tiempo. Por otro lado, está el camino del aprendizaje. Es más costoso, moral y físicamente, pero seguramente más satisfactorio que el primero. La premisa de gestionar correctamente la economía, y gastar en función de las necesidades y acordes a las circunstancias que rodeen la situación en cuestión, son la clave de esta premisa. Se trata de saber cuál es el camino a recorrer para alcanzar los objetivos de la manera más eficaz posible. Para ello, unas veces se recurrirá al ingenio, otras al esfuerzo, y en determinadas ocasiones se hará una mezcla de ambas con el fin de lograr los éxitos requeridos. Por lo tanto, es necesario saber gestionar la economía de un club porque, como está comprobado, pueden existir diferentes variantes para alcanzar un mismo logro. Diferentes caminos a recorrer para llegar a una misma meta. La que todos buscan. La cima de la gloria. Aunque hay que tener en cuenta y ser capaz de dominar los ámbitos de la grandeza que otorga el poder económico, pues hacer gala de ello con grandes derroches de dinero puede convertirse en un arma de doble filo y volverse en contra del club, mostrando un rechazo por parte de la sociedad dando la sensación de soberbia y prepotencia. Además, en el aspecto deportivo puede marcar la decisión de un joven jugador, encuadrado en lo denominado clase media, vendiendo la imagen de un status de inalcanzable y dejando pasar la oportunidad de poder crear una entidad plural. Por lo que la cautela y la discreción, son apartados fundamentales que deben estar muy presentes en este tipo de asuntos.

5.2 Los flashes hollywoodienses en época de elecciones

En esta gestión económica, también se deben tener en cuenta los diferentes proyectos electoralistas que se han presentado a lo largo de los últimos años en las elecciones a la presidencia del club madridista. El despilfarro económico comenzaba antes de alcanzar la mayoría de los votos necesarios. No se puede basar toda la campaña electoralista en quiénes serán las incorporaciones estelares del club si salgo presidente y quiénes no. Es la imagen que se lleva vendiendo en la última década en todas y cada una de las elecciones que se han llevado a cabo. Estas acciones no son más que dar solución al presente, plantear una hipótesis para el futuro y dejar sin sentido los proyectos deportivos, ya que estos se construyen con personas implicadas en el mismo, y en las batallas electorales la implicación resulta nula, o muy distanciada de los intereses reales del club. Es muy fácil dejarse seducir por el resplandor de la grandiosidad y por los flashes 'hollywoodienses' antes de echarse al hombro una buena pala para comenzar a trabajar duro en busca del éxito. Por eso, tan importante es el trabajo diario, como la predisposición al mismo. Hay que tener cuidado de no anestesiar a la grada con los síntomas de la grandeza económica. Los aficionados son los mejores jueces de las entidades deportivas. Su opinión es la que cuenta, la que manda y por eso, no se debe enmascarar la situación deportiva con las cantidades económicas que maneja el club en cuanto ingresos se refiere, pues hace que la crítica se dirija hacia el equipo y no para los que le dirigen, como en determinadas ocasiones se debería haber hecho.

Si hay algo que se le puede achacar al Real Madrid en los últimos tiempos en el aspecto económico eso es, sin lugar a dudas, el apartado de fichajes. Es el gran agujero de la gestión económica de los últimos presidentes. Tanto en la compra como en la venta de futbolista, por uno u otro lado, el club termina perdiendo dinero y gastando más de lo necesario, despilfarrando más de la cuenta. Cuando se va a abordar la contratación de un jugador, en la mayoría de los casos, no se negocia esa venta, no se rebaja la cifra astronómica que piden los clubes de origen. Así, y cada vez sucede de una mayor manera, el Real Madrid se ha acostumbrado a comprar futbolistas a precios muy caros en el mercado. No hay más que ver la lista de traspasos más costosos en la historia del fútbol, donde los cuatro primeros puestos los copan las grandes sumas de dinero gastadas en Cristiano Ronaldo, Zidane, Kaká y Figo. Grandes jugadores todos ellos, pero que rondan los 300 millones de euros gastados en tan solo cuatro futbolistas. En estos casos concretos, la operación ha salido bastante rentable, pues se ha compensado el gasto de la incorporación con un plan de marketing muy amplio, intentando amortizar el desembolso a través de los derechos de imagen compartidos, con un porcentaje mayor para el club que el que recibe el propio jugador. Queda demostrado con la gestión económica de los últimos años que dentro de la parcela directiva no existen límites a la hora de gastar, no tiene una barrera económica, un tope para cortar y frenar este despilfarro, que lo único que está consiguiendo, y cada vez más, es que los diferentes equipos pongan cláusulas desorbitadas con el fin de sacar la mayor tajada posible viendo las operaciones realizadas por el Madrid. Pero no sólo de galácticos ha vivido el club en estas últimas campañas, también ha habido incorporaciones de una importante suma de dinero que por algún motivo, bien deportivo o institucional, no han terminado de cuajar y tuvieron que salir, perdiendo, como no, dinero en la operación realizada. Flavio Conceiçao, Diarrá, Woodgate o Walter Samuel son algunos de los ejemplos.

No obstante, en cuanto a las ventas, la situación no es mucho mejor. Si en las contrataciones el Real Madrid es el club que compra caro, en los traspasos hacia otras entidades es un equipo que vende muy barato. Así ha sucedido recientemente con los casos de Robben, Sneijder y Van de Vaart. Tres jugador al alza dentro del mercado futbolístico internacional y que salieron del Bernabéu, no sólo por la puerta de atrás, sino por cantidades ínfimas en relación a su calidad y a su estado de forma. Momentos en los que se podía haber aprovechado el déficit generado por las grandes compras para intentar compensar ese gasto obteniendo más beneficios por ello pero, nuevamente, queda demostrado,que la política de fichajes, y el gasto que esto conlleva, no están a la altura de las circunstancias que el club se merece. Hay falta de organización, de paciencia e incluso, en determinados momentos, de información por parte de los responsables. Ejemplo como el que sucedió hace dos temporadas con las incorporaciones de Lass y Huntelaar, cuando ambos vinieron con el objetivo de ser un refuerzo en la Champions League y sólo se pudo inscribir a uno porque ya habían disputado la Europa League con sus clubes de origen, que consiguen año tras año dejar en evidencia esta gestión, ya que la tónica habitual es la de cometer algún error de este calibre que termine haciendo perder a las arcas del club una buena suma de dinero. Y, por supuesto, lo que no se puede hacer es intentar compensar estos errores con la subida del precio de abonos a los socios, como lleva sucediendo en los últimos cursos.

5.3   La poca valoración de la cantera

Otro de los puntos débiles, en cuanto al apartado de contrataciones se refiere, es la poca valoración que se está teniendo de la cantera en los últimos tiempos. Falta de previsión y de confianza que han hecho que jugadores talentosos tengan que ganarse la vida fuera de la casa blanca demostrando un crecimiento y una calidad asombrosa. Es el caso de Negredo, vendido al Sevilla y sobre el cual existe una opción de recompra superior a la cifra por la que el club hispalense lo adquirió; lo mismo sucede con Jose Callejón en el Espanyol, o con Parejo en el Getafe. Todos ellos curtidos a fuego lento en las filas del Castilla y que han tenido que salir para crecer por falta de oportunidades. Algo que sucedió con el caso más estrepitoso que se recuerda en la historia del filial blanco, Juan Mata. El burgalés abandonó 'La Fábrica' sin que el club recibiera un solo euro por su marcha, gratis aterrizó en Valencia y ahora, siendo campeón del Mundo, se trata de un futbolista cotizadísimo no sólo en España, sino también en toda Europa. Acciones que demuestran, una vez más, que no se valora lo suficiente la economía para con los futbolistas criados en la casa. Se prefiere pagar por alguien de fuera que comprobar si uno de los chicos de abajo, con ganas fuerzas e ilusión, sirven para el cometido requerido. Otro ejemplo más del despilfarro que se lleva a cabo en cada mercado de fichajes donde, el Real Madrid, suceda lo que suceda, termina perdiendo millones de euros. De lo que se trata es de gestionarlo con otra fórmula, aprendiendo de los errores e intentando no gastar ni un solo euro de más de los socios. Pero parece que no es así. Todas las temporadas el aficionado blanco tiene que ver como la economía de su club, de la que es propietario gracias a sus votos, cuenta en sus movimientos con acciones de este calibre. Situación que se repite, que no se soluciona y de la que, insisto, no se aprende. Es hora de poner freno a este "chorreo" económico. Tan importante es generar ingresos como no despilfarrarlos una vez que se tienen. Es necesario poner el freno a esta sangría para tener saneadas las deudas del club. En comparación con otros grandes clubes europeos, como Manchester United, Bayern Munich o Milán, se gasta casi el doble de lo que se genera, y esta situación de poder estelar económico no es beneficiosa. Las fuentes de ingresos no son eternas, al igual que tampoco lo son los números que poseen las arcas de la entidad. Así, la imagen que se ofrece hacia el exterior es la de un club derrochador que no cuida la economía y que, años tras año, sólo se preocupa de conseguir un número altísimo de venta de camisetas, de paquetes televisivos y derechos de imagen. El fútbol, en el Real Madrid, es algo más que eso. Los valores eternos del club pasan por demostrar el señorío y la nobleza en todos los aspectos, no generando este síntoma de prepotencia a raíz del desembolso desorbitado llevado a cabo en cada temporada. Hecho que propicia, año tras año en cada Asamblea, grandes sumas de dinero despilfarradas en fichajes, unos mejores y otros peores, unos amortizados, la minoría, con la gestión de marketing, pero otros malgastados para sentarlos en el banco, venderlos a precio de saldo o cederlos para no cargar con sus altas fichas. Es tiempo de cambio en esta política abusiva de malgasto del dinero de los demás y, para ello, nadie mejor que la gente de la casa. Aquéllos que han vivido los tiempos pasados de grandeza y han sentido en lo más profundo los valores del club, su identidad y lo que significa ser madridista de corazón. Los Camacho, Míchel, Del Bosque, Hierro y compañía decidieron en su momento apartarse del modelo mercantilista de Florentino Pérez para emprender una nueva aventura lejos de su casa, el Real Madrid. Hay que hacer bandera con los orígenes e idiosincrasia que ha caracterizado a este club en sus 109 años de vida, porque es de obligado cumplimiento recordar que el club nace en 1902, no hace una década. No se crea con la llegada del movimiento económico. Demasiada historia para quedar escondida, en un recoveco, detrás de los euros. El caché y la grandeza se miden en trofeos, calidad y actitud deportiva, más que por el peso económico que se pueda poseer. Es la forma que debe tomar el Madrid, trabajo y sacrifico desde la humildad, y capacidad de gestión económica más austera que la mostrada hasta el momento. No es oro todo lo que reluce, ni los éxitos están asegurados por ello.

Marco Conde, Madrid, España, 23 Mayo 2011

6. S: Saber respetar a los adversarios es condición sine-qua-non en liderazgo (por David Sutil http://www.linkedin.com/in/davidsutil)

BIOGRAFÍA

Co-fundador de Spanish Leadership, David Sutil es un experimentado ejecutivo experto en Marketing Digital que ha trabajado en los Estados Unidos y Europa, liderando importantes proyectos de Internet para empresas «dot.com» y para grandes compañías, en dinámicos entornos multinacionales y multiculturales. Bilingüe en español e inglés, Licenciado en Derecho y Relaciones Internacionales por la Universidad de Salamanca, su experiencia internacional se inició en 1997 en los Estados Unidos, cuando fue seleccionado para participar en el programa de becarios del famoso canal de televisión MTV, trabajando en el Departamento de Marketing. Durante esos meses se convirtió en un apasionado usuario de Internet

De vuelta a España, de 2000 a 2004 trabajó en diferentes compañías de Internet: MercadoLibre.com, Excite.com, AOL Time Warner, desde subastas a comercio electrónico, publicidad y portales, desempeñando distintos papeles en dichas organizaciones. Antes de mudarse a los Estados Unidos en 2005, emprendió otros pequeños proyectos de Internet a nivel nacional, y ofreciendo servicios de consultoría. De 2006 a 2008 fue Webmaster Regional de Sony para América Latina, a cargo de la estrategia de Marketing Digital y presencia online en 17 países (y 3 idiomas).

Estrategia Web, Gestión de proyectos de Internet, Web Analytics, SEO/SEM, Redes Sociales, diseño y desarrollo web, comercio electrónico, Usabilidad y Experiencia de usuario, medios y negocios digitales... La experiencia y habilidades de David Sutil en el área del Marketing Digital son una garantía de éxito para lograr los objetivos del negocio fijados para las actividades online. En la actualidad, y también con sede en los Estados Unidos, es gerente de Marketing Digital en Nokia, encargado de la producción, mantenimiento y promoción de los Servicios Nokia, tanto para PC como dispositivos móviles.

6.1. Blas de Lezo y Olavarrieta mostró Spanish leadership al inglés Vernon

Corría el año 1741 cuando el almirante inglés Vernon se dirigía a Cartagena de Indias con una temible flota compuesta por cerca de 25.000 hombres y 180 navíos, formando la agrupación de buques de guerra más grande que hasta entonces había surcado los mares. Las intenciones inglesas eran sitiar la bella localidad colombiana y tomarla, en represalia al apresamiento de un barco corsario inglés en Florida por parte de los españoles.

Vernon estaba envalentonado por su éxito en la rápida toma de Portobello (Panamá), plaza mal defendida por España. En Cartagena las cosas no pintaban mucho mejor para los españoles, pues la desproporción era abismal. Del impresionante derroche de medios inglés los españoles apenas podían defenderse con cerca de 3.000 hombres y solamente 6 navíos. Tan convencidos estaban los ingleses de la derrota de Cartagena que pusieron en circulación medallas y monedas conmemorativas que decían en su anverso lemas como: "Los héroes británicos tomaron Cartagena el 1 de abril de 1741" y "El orgullo español humillado por Vernon".

Pero como se suele decir en uno de esos tópicos futboleros habituales: no hay enemigo pequeño. Al frente de la defensa de Cartagena de Indias se encontraba su comandante general, Blas de Lezo y Olavarrieta, un experimentado y bravo marino de Pasajes (Guipúzcoa) curtido en mil batallas. Supo anteponer mucha imaginación y estrategia en el enfrentamiento, logró jugar muy bien sus bazas para propinar una colosal y humillante derrota a Vernon y la amplísima flota británica. Tan colosal derrota de los ingleses aseguró el dominio español de los mares durante más de medio siglo hasta la batalla de Trafalgar. Fue tal la derrota que el entonces Rey de Inglaterra, Jorge II prohibió hablar de ella o que se escribieran crónicas alusivas al hecho, como si nunca hubiese ocurrido. Vernon se retiró humillado maldiciendo a su contrincante.

Sirva el recordatorio de ese impresionante triunfo militar español comandado por Blas de Lezo como introducción a este capítulo. El acontecimiento históricamente no es tan reconocido y recordado como otros que todos tenemos en mente. Incluso el gran héroe, Blas de Lezo, pese a su hazañas, no goza de la popularidad que otros personajes históricos mantienen superando el devenir de los tiempos, las diferentes corrientes historiográficas y revisionismo. Pero ese es otro tema.

Vernon y la flota inglesa venían de triunfar en Panamá, y la teórica superioridad inicial les hicieron pecar de arrogantes y minusvalorar a las aguerridas tropas que defendieron Cartagena. Nunca los ingleses imaginaron ni tamaña resistencia ni caer derrotados ante un enemigo inferior en número de efectivos y medios. Por supuesto, fueron retiradas las monedas y medallas conmemorativas en circulación. El calibre de la derrota, el modo de llevarse a cabo, la humillación, el honor mancillado, la grandeza de Lezo, y sobre todo la moral de la época, hicieron necesario recurrir a la censura para evitar comunicar los hechos acaecidos aquellos días en la bahia de Cartagena de Indias.

6.2. Maracanazo: Los que menosprecian sufren de canarinhitis brasileira

Cambio de tercio, otra historia, de nuevo regreso al pasado. En este caso y para entrar en materia, a un acontecimiento futbolístico de primer nivel: Copa del Mundo de 1950, la del famoso gol de Zarra a Inglaterra, nuestros queridos "enemigos". Imagino que algunos de ustedes conocerán los hechos del famoso "Maracanazo".

La ronda final con los 4 mejores equipos, entre los que estaban España y Suecia, se hace por liguilla. Brasil golea a Suecia y España, mientras Uruguay gana a Suecia y empata con España.

El 16 de julio, en el último partido de la liguilla, en el majestuoso Maracaná y ante 200.000 espectadores, comparecen el anfitrión, poderoso equipo local, ofensivo, invicto, Brasil, frente a Uruguay, que no era ni mucho menos mal equipo y fue campeón mundial en 1930.

A Brasil le bastaba el empate para ser campeón, llegaba invicto, era favorito, jugaba en casa con la cálida torcida carioca apoyando a la verde-amarelha, que en aquellos tiempos jugaba totalmente de blanco. El triunfalismo local era exagerado: los diarios brasileños prepararon portadas referentes al triunfo local, las carrozas del carnaval para celebrar el título aguardaban en Rio para un desfile triunfal, se vendieron medio millón de camisetas con el lema "Brasil Campeao 1950", de nuevo medallas y monedas conmemorativas en este caso del triunfo brasileño, el estadio lucía sus mejores galas con pancartas agradeciendo a los campeones del Mundo, y además, la banda de música había preparado el himno del campeón (por supuesto Brasil) y compuesto una marcha especial dedicada a celebrar la victoria. La prensa y afición locales habían exagerado el triunfalismo sin respetar la calidad del rival. Incluso el mítico presidente de la FIFA Jules Rimet, se había preparado un discurso en portugués para dedicar a los locales, favoritos al triunfo.

Uruguay plantea el partido de poder a poder, puesto que como confesaron posteriormente, jugar defensivamente era arriesgarse a recibir una goleada, como les sucedió a Suecia y España. El primer tiempo acaba sin goles ante la alegría de la hinchada local. En el segundo, Brasil anota en el minuto 2 y se desata la celebración y la algarabía, Maracaná se venía abajo. Uruguay empató en el 66, y todavía el título y la euforia seguía en poder de los locales. Pero en el 79, Uruguay logra remontar por medio de Ghiggia. Un silencio sepulcral sobreviene a la fiesta brasileña, silencio que incluso asustó a los uruguayos. Al final pese a los insistentes ataques brasileños, Uruguay mantiene el resultado y logra vencer. El público abandonó entre lloros el estadio, en la considerada mayor tragedia nacional. No hubo ceremonia para el campeón ni la banda de música interpretó el himno uruguayo. El portero local, Barbosa, fue defenestrado toda su vida y acusado de la derrota hasta su muerte en 2000. Se cancelaron todas las celebraciones brasileñas previstas y se contabilizaron varios sucidios de aficionados locales. Y desde entonces, Brasil nunca ha vuelto a jugar de blanco.

6.3. Las lecciones del Steaua en Sevilla y la del Deportivo en Madrid

El pasaje biblíco del triunfo humilde de David contra el poderoso Goliat nos recuerda que este tipo de sucesos se han repetido en innumerables ocasiones, tanto en la Literatura como en la realidad. En el Deporte en general, y por supuesto, en el Fútbol en particular, vean el "Maracanazo", hemos asistido expectantes a numerosos logros de este tipo. Los que somos de provincias que acogen clubes modestos en la Primera División, recibimos con alegría la siempre atractiva visita del FC Barcelona y del Real Madrid. Días de ayuda al club, las mejores galas en el estadio, que por fin se llena, y una motivación extra por intentar conseguir un buen resultado frente a uno de los grandes o frente al deseado y odiado rival regional. Como se suele decir, son partidos que para los locales son una fiesta, y cualquiera de los miembros de la plantilla disputaría con orgullo. Para el gran club que visita al modesto, puede suceder todo lo contrario. Motivación mínima, desplazamientos donde son acosados, a veces entre medias de otros grandes enfrentamientos europeos y primordiales... en definitiva, partidos donde pueden suceder esos resultados sorpresa que tanto benefician a los quinielistas.

Para aterrizar aún más el tema, todos recordaran la final de la Copa de Europa de entonces, Champions League de ahora, de la temporada 1985-1986 disputada en Sevilla. El FC Barcelona alcanzaba con brillantez (eliminó a Oporto, Juve y Goteborg) y un sólido equipo la finalísima que debia disputar en casa, pues politiqueos aparte, Sevilla acogió a millares de seguidores culés. El rival, un sorprendente equipo revelación, el Steaua de Bucarest rumano, un cuasi desconocido que se plantó en Sevilla dispuesto a dar la sorpresa. Y la dió. El Steaua compitió mucho mejor para llevarse su primera y única Copa de Europa en una decepcionante tanda de penaltis, con el portero rumano Duckadam infalible y pese a la gran actuación del inolvidable Urruti.

Afortunadamente para la emoción del Fútbol, este tipo de tropiezos han sucedido a todos los clubes grandes que hay en el universo futbolístico. No voy a entrar en muchos más casos concretos de otros equipos, pero todos recordamos esas sorprendentes eliminaciones de los grandes en la Copa de Inglaterra a manos de desconocidos rivales de tercera división. O igualmente en nuestra Copa del Rey, sobre todo con el formato nuevo de los últimos años. Y los hechos se repiten a todos los niveles, deportes, selecciones, campeonatos oficiales, amistosos, competiciones de aficionados, etc.

En el caso del Real Madrid en las campañas presididas por Florentino Pérez considero que se han producido sorpresas negativas de este tipo con mucha más asiduidad de lo conveniente y normal para un gran club. Por supuesto los equipos grandes pueden perder en un día malo frente a un rival inferior. Pero en el caso del Real Madrid de estos tiempos, el respeto al adversario ha sido en la mayoría de los casos inexistente, y causa de muchos de los fracasos. Ni que decir tiene que la calidad de la plantilla madridista plagada de estrellas, y un gran gestor de los recursos y conocedor del club como Vicente del Bosque salvaron infinidad de tardes y noches complicadas frente a rivales en teoría inferiores. También otros entrenadores lograron salvar la papeleta en varias ocasiones. Pero hemos visto como el grupo se ha resentido muchas veces y no han logrado enfrentar a los rivales con garantías de éxito. El ganar por portar la camiseta blanca, el ganar sin bajarse del autobús, por presupuesto, por nombres, ya no funciona. Cuando han sucedido situaciones de falta de respeto al rival, las consecuencias fueron el consiguiente fracaso, y encima la imagen de la entidad se ha visto dañada negativamente.

Es posible que recuerden el "os vamos a meter tres" con el que algunos jugadores que prefiero no citar recibieron en 2010 en la Champions al Olympique de Lyon. Era el partido de vuelta en el Bernabéu, con la eliminatoria desfavorable. Esa prepotencia, esa falta de respeto al contrincante que encima iba por delante en la eliminatoria, fue la sentencia del Madrid. Perdieron el foco, menospreciaron al rival, que como se suele decir, también jugaba. El Olympique empató a domicilio, no recibieron los anunciados tres goles y encima eliminaron al gran Real Madrid, que una vez más se quedaba en octavos, por sexto año consecutivo. El "os vamos a meter tres" fue como las medallas conmemorativas celebrando el triunfo que nunca llegó del almirante Vernon en la toma de Cartagena. O como esas celebraciones que preparó Brasil en 1950 para el Mundial que no ganaron. El Real Madrid estuvo más pendiente de aspectos externos, de calentar el duelo, de lanzar mensajes por la prensa, que de enfocarse en superar la eliminatoria.

Se habló de chorreos, se menciona incasablemente la deseada "decima" (Copa de Europa) que aún no ha llegado, desde el mismo día que se celebraba la "novena" allá por 2002. La obsesión por la Copa del Rey: "Centenariazo del Depor" y Real Zaragoza mediante. E infinidad de eliminaciones prematuras consecutivas ante muchos equipos "David" más modestos: Valladolid, Betis, Zaragoza, sin olvidarnos de humillantes derrotas frente al Toledo, Real Unión de Irún y Alcorcón. Momentos históricos para muchos de esos pequeños equipos. Aunque por fin esta temporada Florentino ha podido levantar el ansiado trofeo de Su Majestad.

Y como en el caso de la toma de Cartagena, y como otro rey Jorge II, el Real Madrid en particular y los equipos grandes han intentado utilizar todos los medios al alcance para minimizar el impacto de esas derrotas. Por supuesto hoy día es imposible ocultar del todo acontecimientos así. Aunque siempre se intenta compensar con esos histriónicos titulares de la prensa afín que son más propios de forofos, o con noticias sobre supuestos fichajes ilusionantes para lograr esa excelencia en el juego que tantas veces ha proclamado Florentino Pérez. Sin duda los medios, los departamentos de comunicación y las influencias presidenciales juegan un papel fundamental en todo el negocio Real Madrid que preside Florentino. Los fichajes mediáticos, el equipo de estrellas sin conjuntar, plagado de jugadores foráneos y limitando la progresión de los jóvenes valores de la cantera madridista. Todo es parte de la marca "Real Madrid" e influye para promocionarla, como esas ambiciosas giras mundiales de pretemporada. En la actualidad, el tener a José Mourinho a cargo de la dirección técnica del primer equipo es otro medio más en esas promociones. El laureado entrenador portugués es protagonista día sí y día también, gracias a sus incendiarias declaraciones y su peculiar interpretación de las ruedas de prensa y la comunicación. No le ha servido más que para entrar en polémicas, grangearse enemigos y recibir la censura del público imparcial. Aunque él pretende descargar de presión a sus pupilos con dichas actuaciones.

Evidentemente como digo, las derrotas pueden suceder, incluso ante rivales en teoría inferiores. Aparte de los planteamientos técnicos, la preparación y entrenamientos, hay otro componente como es la parte psicológica, que grandes campeones como estos entrenadores y futbolistas profesionales deberían cuidar para evitar que esas derrotas sucedan por menospreciar al rival.

Valores como la humildad infunden la necesaria visión para no caer en una actitud prepotente y soberbia, que pueden inducir al exceso de confianza. Llegado el caso de la derrota ante el equipo modesto, puede ser un severo correctivo, una humillación que puede afectar al estado de ánimo del equipo, a la forma de afrontar futuros partidos y a la trayectoria en el resto de competiciones. Puede generar desconcentración, y sobre todo traer a colación asuntos extra deportivos o aspectos que no deberían influir. Es importante esa humildad, mantener los pies en la tierra pese a todo el entorno que rodea a los grandes equipos. Fijar unas metas y luchar por ellas.

El equipo no son solamente el entrenador y futbolistas. Todos deberían hacer gala de esa humildad, desde el presidente al último empleado del club. Como comentaba, hoy día con la repercusión de los medios, con seguimiento diario de todo lo que acontece en el mundo del Fútbol, y la influencia en la sociedad, es incluso más importante transmitir esos buenos valores a la sociedad y en especial a los más jóvenes.

Es importante que sucedan derrotas por obviar ese principio básico del liderazgo: respetar a tu rival. Cuanto más grande es tu rival, más grande es tu triunfo. No lo temas, respétalo, y enfócate para superarlo respetando también las reglas del juego. Pero más grave es si cabe que esas actitudes negativas, que esas situaciones que deberían censurarse, sean expuestas a la sociedad y que inspiren comportamientos de nuestros jóvenes.

David Sutil, Miami, EE.UU, 15 Mayo 2011

7. H Hoy sólo no es liderazgo, es cortoplacismo; hay que saber ver el mañana
  (Por Juanma Roca http://es.linkedin.com/in/juanmaroca

BIOGRAFÍA

Juanma Roca (Lugo, 1978), exdirector de comunicación de Deusto Business School, es doctor en Comunicación, Máster en Gestión de Empresas de Comunicación y periodista económico especializado en management y escuelas de negocios. Ha publicado tres libros: *El reino de la humildad, Revolución Linkedin* y *MBAs, ¿ángeles o demonios?*

Profesor de Redacción Periodística y Empresa Informativa en varias universidades, ha realizado el programa de dirección general Orchestrating Winning Performance (OWP) del IMD, programas de estrategia y liderazgo en INSEAD, y ha estado como investigador visitante en Oxford. Como periodista, ha trabajado en *La Voz de Galicia*, *El Correo Gallego*, *La Prensa Gráfica* de El Salvador y *La Gaceta de los Negocios*. Ha colaborado como freelance para medios españoles, portugueses y británicos, y asesora en comunicación y reputación corporativa a varias empresas

Es miembro de la International Association of Higher and Business Education Journalists y miembro de la junta directiva de la Asociación de Informadores de Gestión (AIG).

7.1 El monopolio cortoplacista no es rasgo de liderazgo

La tiranía de los mercados financieros y, por qué no decirlo sin tapujos, las cuentas trimestrales –por no decir ya cuentas diarias, seguidas al minuto por los inversores– han degenerado en una tergiversación absoluta de la noción de liderazgo, liderazgo entendido ahora por muchos como éxito a corto plazo (por no decir éxito a corto plazo y de cualquier modo, sea ético o no).

El monopolio cortopaclista (el mero uso del término cortoplacismo alude a una tendencia convertida casi en filosofía de gestión) ha entronizado un estilo liderazgo basado en la oportunidad; esto es, un liderazgo basado en la don de la ubicuidad o, mejor dicho, en estar en el momento adecuado en el lugar adecuado. Sin duda, este hecho no deja de asociarse al factor suerte, tan necesario –no cabe duda- en el liderazgo como la visión, anticipación o intuición. Pero, como sonríe el aserto, la fortuna sonríe –valga la redundancia- una vez, pero no dos, lo cual resquebraja cualquier intento por convertir esa suerte cortoplacista en un modelo de gestión válido y, por ende, en un liderazgo basado en el cortoplacismo en el más propicio para llevar el barco a buen puerto. Y cuando el barco, como el del Real Madrid, es un trasatlántico, no bastan dos fichajes galácticos, por muy llamativos que sean, para hacer la travesía, sobre todo si no se explicita antes un proyecto de fondo que no solo incluya galácticos de renombre sino una gestión integral del talento desde la cantera. La estrella es rutilante e incluso puede tener recorrido a medio, pero, como toda estrella, es igualmente fugaz: viene, está y se va.

Saben mucho los refranes y dichos de ese faro que alumbra el destino final en el mencionado puerto. Así, siempre se han aludido a las tres preguntas clave: quién soy,

49

de dónde vengo, a dónde voy; o a otro dicho de la sabiduría oriental, que dice así: "Para ver el mañana, busca el ayer", un ayer que, llevado al directivo, retrotrae a la búsqueda de uno mismo: el autoconocimiento, que, aplicado al Real Madrid, podría transformarse en esta pregunta: ¿Quién quiero ser y adónde voy en el siglo XXI como club e institución?

El liderazgo encuentra sus orígenes en la búsqueda de uno mismo, un ejercicio –por no decir travesía- diametralmente opuesto al cortoplacismo. "¡No es cortoplacismo, estúpido!", como no lo fue la anécdota de la manzana que cayó del árbol a pies de Isaac Newton para hacer ver a este la ley de la gravedad. Había pasado mucho tiempo Newton pensando en la gravedad, pero esa visión de la gravedad no se limitó en el tiempo a ver caer la manzana. En tal caso, la manzana aterrizó la visión que llevaba tiempo en su cabeza, pero esta venía de mucho antes. O sea, que la visión venía de mucho antes y, para ese momento, llevaba ya un largo recorrido.

7.2 La visión puede no ser mas que un chispazo y no liderazgo

La visión puede ser fruto de una instante excepcional, un momento sublime de inspiración, pero, a la postre, ese momento no deja de ser más que el chispazo, la chipa que prende la mecha. Pero como toda mecha que prende, esa chispa llega al final, después del roce y el calor acumulado.

La ejemplo de la mecha no hace más que llevar la reflexión al eterno debate entre si el liderazgo es innato o se aprende. Sin pecar por socrático o ateniense en la disertación, nadie duda hoy en día en que puede tener una parte innata, pero desde luego es un arte que se puede aprender, aprenhender y adquirir con la práctica, o sea, con el tiempo, lo cual une desde el origen liderazgo y largo plazo. Bajo este prisma, hablar de cortoplacismo en el liderazgo es una contradicción in terminis. Podría hablarse de táctica en lugar de estrategia, de pensamiento y actitud maquiavélica en diferentes aspectos, pero nunca de liderazgo como servicio, integridad o superación, cualidades íntimamente asociadas al largo plazo.

Si, de este modo, el liderazgo implica superación, solo existe superación a través del entrenamiento, un ejercicio que redunda siempre en la visión de futuro. Este hecho conecta al momento con el mañana, pues ese ejercicio de entrenamiento, visto desde el hoy, puede ir encaminado al mañana, pero hinca sus raíces, como mínimo, en el hoy, por no decir el ayer. Si algo tiene el Real Madrid es historia, una historia que debería alimentar el presente y el futuro desde ese pasado glorioso. Pero si se olvida el pasado o se deja a un lado, el futuro languidece fruto de un presente incierto.

La crisis financiera, sin embargo, lejos de encontrar sus orígenes en esa búsqueda perpetua, en ese ejercicio de largo recorrido, encontró su germen en un ejercicio de corto alcance, la ingeniería financiera, un juego malabar o atajo para inventar –copiar, si se tratase de un examen- la respuesta correcta, pese a que no se haya estudiado lo suficiente, pues estudiar exige una concentración no momentánea sino de medio-largo recorrido. Visto bajo este prisma, la crisis no solo refrenda una visión mal entendida del liderazgo (liderazgo=visión a corto) sino que supone la consagración del no liderazgo, pues este lleva en su origen el largoplacismo, o sea, la visión.

50

Visión es hacer presente el futuro, imaginarlo y bajarlo al momento presente. No se queda en soñar algo, sino soñarlo, imaginarlo, verlo (por eso es visión) y hacerlo presente. Une futuro y presente, pero solo es capaz de hacer presente ese futuro si en el pasado esa persona, el directivo, ha sabido aprender e interiorizar las cualidades necesarias para unir futuro y presente. Dicho en otras palabras, visión une los tres tiempos verbales en una conceptualización de lo deseable para una persona, empresa o institución, y al hacerlo concentra el largo plazo propio de los tres tiempos en un momento concreto: largo plazo o espacio-tiempo extendido y concentrado en un único momento.

7.3 Ser presidente de una grande empresa puede no ser sinónimo de líder

Los directivos implicados en la crisis financiera redujeron la extensión del tiempo en un único instante, el presente acotado, para, desde ese presente acotado, tejer (inventar) un futuro esplendoroso. No en vano, la presentación de cuentas de resultados de compañías como Enron o WorldCom y sus consiguientes resultados brillantes eran saludadas al momento por los mercados con aplausos y subidas en la cotización. Pero ese presente acotado escondía el tiempo extendido, el pasado reciente, que dejaba ver que debajo de la alfombra brillaba no el oro sino la suciedad. Las "asombrosas" rendiciones de cuentas de Enron no sólo afectaban a las cualidades del directivo sino a su gobierno de la compañía, y los analistas financieros y el mercado observaban el resultado de ese buen gobierno no de forma cualitativa sino cuantitativa, con los estados financieros. Los directivos de la multinacional energética –Kenneth Lay y Jeffry Skilling- habían construido, en apariencia, una empresa solvente por sólida, reputada y admirada. En condiciones normales, siguiendo los parámetros del buen gobierno y de la buena gestión, su excelencia empresarial traería consigo unos extraordinarios resultados financieros, que ahondarían en su reputación y marca. Pero pecaron al fiarlo todo al corto plazo, al presente acotado en unas cuentas falsas. Su excelso liderazgo se había basado hipócritamente en el cortoplacismo mentiroso, lo cual enterró de facto el liderazgo.

El mercado exige resultados y una empresa edificada bajo los cimientos de la honestidad, integridad y transparencia, principios sobre los cuales la compañía tiene todos los visos para responder al mercado con los resultados sobresalientes.

Ahora bien, en ese afán irrefrenable por rendir cuentas y solvencia, en los últimos años numerosas empresas vieron en la ingeniería financiera (ingeniería financiera=no-liderazgo) la única puerta de escape para mostrar su excelencia, por lo que desalojaron los cimientos del auténtico liderazgo, basado en unos principios y valores como los comentados que no se detectan al momento sino, como sucede con la integridad, con el cumplimiento de la palabra dada, algo que solo se ve a largo plazo. El Madrid no es ajeno a este hecho, pues las sombras que pesan sobre sus "brillantes" cuentas de resultados dicen mucho más que las propias cuentas.

Los escándalos de Enron, WorldCom y demás gigantes tienen su origen en esa maximización a toda costa del beneficio bajo el principio de todo vale; esto es, de que el fin justifica los medios, aunque por el camino se tire por la borda el liderazgo.

La visión proporciona claridad, propósito y un sentido de misión, esto es, un fin elevado y último para el ejercicio del liderazgo. Visión es, por ello, sinónimo de magnanimidad, pues las auténticas visiones "ven" cosas grandes, enormes, colosales e incluso imposibles en un primer momento. Es entonces cuando el liderazgo emerge en su totalidad como ejercicio a largo plazo, pues solo se llevará a cabo esa visión si se emprende como una tarea a largo, inherente al proceso de crecimiento y maduración de la persona, que aprende a ver con el tiempo, mientras se forma definitivamente como persona.

Cuando uno se aproxima a la etimología de la palabra integridad, pronto observa que procede de integrus, que significa entero, es decir, sin fisuras. Si por algo no se han caracterizado los directivos de muchas grandes compañías en la última década de bonanza ha sido por su integridad. Han vendido excelencia y resultados, pero por dentro, en su interior, sólo aparecía un comportamiento deshonesto, completamente alejado de la integridad. No ofrece perfiles diferentes en función de la situación o la necesidad, sino que siempre es uno solo, él mismo. No se deja llevar por las dobleces ni atajos cortoplacistas sino se prosigue su camino de autoconstrucción humana para hacer realidad su visión, de la que quiere ser autor y protagonista.

El psicólogo Daniel Goleman diría que es íntegro fruto, de nuevo, de su profundo autoconocimiento, y es así, aunque habría que precisar que un directivo ya es íntegro antes de que se dé cuenta de que lo es, aunque para cuando llegue ese momento ya haya pasado cierto tiempo. De nuevo, largoplacismo frente al cortoplacismo, pues uno se hace con el tiempo.

Junto a la integridad, la honestidad. Ese desgraciado proceso por el cual muchos directivos se mienten a sí mismos para aparentar ser lo que no son muestra su incoherencia interna o, más concretamente, su falta de honestidad consigo mismos. Ese alto ejecutivo puede caracterizarse por su visión, determinación y coraje, por su *drive*, pero en la medida en que esas habilidades directivas sean deshonestas o falten a la honestidad del directivo como persona, ese ejecutivo perderá a la primera de cambio su visión, por muy certera que sea. Buscará encontrarla por el primer atajo para alcanzarla antes, pero por el camino se habrá vendido, como Judas, por treinta monedas de plata. De Jeffrey Skilling se podría decir a buen seguro que no le faltaban en absoluto talento ni habilidades como alto directivo. Pero, en el fondo, le faltó la principal: conocerse a sí mismo, sus fortalezas y sus debilidades, como caer víctima del beneficio rápido e imaginario de la ingeniería financiera. En otras palabras, no supo *verse* a sí mismo, pues *verse* (de nuevo, visión) lleva su tiempo.

Simple y llanamente, Skilling había creado un estilo de liderazgo deshonesto y cortoplacista donde el rey era la mentira a corto, aunque durante un tiempo largo los mercados se la creyesen. La honestidad implica apostar por la verdad (que perdura a largo en el tiempo), pero Skilling apostó por la mentira a corto. El hoy puede ser brillante, pero si no mira al futuro a largo desde el pasado, se derrumba por sí mismo. Esto es, los 40 goles de Cristiano Ronaldo (41, según el diario Marca, que otorga el premio Pichichi) deslumbran en el firmamento futbolítico, pero un equipo son 11 jugadores, no solo uno, y quizá el futuro no pase tanto por ese uno como por que los futuros 10 que surjan de la cantera.

Integridad y honestidad resumen, en este sentido, la autenticidad del liderazgo. El triunfo de la mentira frente a la verdad en la alta dirección está en el origen de muchos de los escándalos financieros de la última década. Enron marcó la pauta, entre otras cosas, porque se trataba de un gigante y porque, de paso, se llevó a Arthur Andersen por delante.

Pero no sólo fue Enron. Y en todos ellos, un elemento común aparece al momento: los directivos envueltos en los escándalos no fueron auténticos, esto es, intentaron presentarse ante los analistas y el mercado como paradigmas del liderazgo. Pero a la postre eran figuras de barro artificiales, nada auténticas, y la prueba del algodón hecha paso del tiempo lo corroboró por sí mismo.

¿Qué supone, por tanto, ser auténtico desde el punto de vista del liderazgo? Simplemente, ser uno mismo, con las virtudes y defectos inherentes a todo directivo como persona, y ser fiel a ello con el paso del tiempo.

Las cualidades anteriores sustentan la responsabilidad y al líder responsable (y solo se puede ser responsable a la luz del análisis de los hechos que se van realizando, lo cual exige una mirada en el tiempo a la película completa, no solo a una escena). De alguna forma, la responsabilidad es una virtud o valor que circunda toda la estructura del edificio, pero sólo aflora cuando, desde la humildad y la integridad, el directivo es sincero consigo mismo, con sus colaboradores y con el mercado. Pos sus hechos los conocerán, dice el aserto, y los hechos se van realizando con el paso del tiempo para hacer realidad la visión que se ansía hacer real. Liderazgo, visión y largo plazo (ayer, hoy y mañana): la ecuación del líder. El orden de los factores no altera el producto, pero este sufre un deterioro enorme si se alteran no ya el orden sino los propis factores. La crisis financiera habla por sí sola del paso –y las nefastas consecuencias- de ese largo plazo al cortoplacismo, que de paso adulteró el liderazgo. El esplendor del Real Madrid de Florentino Pérez habla de la presentación rutilante de Cristiano, pero, sin una visión certera a largo plazo, ese esplendor que queda, como así ha sido, es meros fuegos de artificio.

Juanma Roca, Madrid, España, 23 Mayo 2011

8. L : Liderazgo requiere saber reconocer errores (Francisco Maroto http://es.linkedin.com/in/franciscomaroto)

BIOGRAFìA

Ejecutivo español con más de 20 años de experiencia internacional en el sector de la Tecnologías de la Información y de las Telecomunicaciones. Ha trabajado como Director de Desarrollo de Negocios, Director de Tecnología, Program Manager en empresas líderes como Oracle, Amdocs, SAP, Compaq o Vodafone. Emprendedor, visionario tecnológico, ha jugado un papel clave ayudando a numerosas empresas a identificar oportunidades de negocio, seleccionar soluciones tecnológicas, desplegar y gestionar sus sistemas de información. A lo largo de los años ha desarrollado una fuertecapacidad de análisis, motivación y liderazgo, así como un excelente conocimiento de los nuevos modelos de negocio, procesos de negocio y nuevos productos y servicios de telecomunicaciones, así como en tecnología y aplicaciones Machine to Machine:

8.1 El hombre que ha cometido un error y no lo corrige comete otro error mayor

Confucio (551 AC-478 AC) Filósofo chino.

Al día siguiente de ver el último partido de la interminable serie de encuentros que habían disputado en tan solo 20 días el Real Madrid y Barcelona, decidí revisar en internet los comentarios que jugadores, entrenador y directivos blancos habían efectuado con motivo de los sucesivos enfrentamientos. Como suele ser habitual no pudieron evitar hablar de las actuaciones arbitrales. Es obvio al menos para los seguidores madridistas que los árbitros no anduvieron finos en sus decisiones, que los jugadores del Barca no ayudaron a los colegiados en sus labores exagerando de forma teatral sus gestos en el campo, y quizás muchos pensamos que hay una conspiración judeo-masonica en las altas esferas de la FIFA y de la Federación Española de Futbol que mueven los invisibles hilos para que el Barcelona de la UNICEF derrote al Real Madrid de los Galácticos II.

Echar la culpa de haber sido eliminados de la Champion o haber perdido la liga por "errores arbitrales", creo que no es juzgar objetivamente lo que esa a día de hoy una realidad entre dos modelos distintos Real Madrid y Barcelona, ambos validos pero uno el del Barcelona muy asentado y otros el del Madrid aún en estado embrionario.

Los que vuelcan estos comentarios en los medios pecan al igual que los árbitros de no saber reconocer errores. No se salvan los jugadores, entrenador o directiva del Barcelona ya que tanto unos como otros solo provocan crispación y odio entre las aficiones. Y dejar que esto ocurriera si ha sido un grave error.

Ni qué decir tiene que para los mandamases del fútbol Español y Europeo la palabra error desapareció de su diccionario hace años. Flaco favor para la competición y para la confianza en la justicia deportiva la que hacen estos personajes.

El actual entrenador del Real Madrid ("el caudillo luso"), que es un líder nato, aprendió del primer partido en el Camp Nou, donde sus errores tácticos hicieron que el equipo encajara "una manita" y lo peor de todo, consiguió el dudoso honor de hacer caer de nuevo al club una vez más a un estado "catatónico barcelonitico". Pero como buen líder aprendió, rectificó y puso a los suyos a trabajar aspectos físicos y mentales para que pudieran tutear al enemigo y no volver a encajar una humillante derrota.

Claro que enmendó aquel error de la primera vuelta, pero siguió cometiendo errores e intentando subsanarlos el resto de la temporada, demasiada energía gastada, con lo que el liderazgo empezó a resquebrajarse.

Ahora bien, ¿Habrán aprendido los unos y los otros de estos errores? ¿Habrán sabido aceptar con humildad que los han cometido? Y lo más importante ¿Habrán sabido aprender de ellos para salir reforzados en la próxima ocasión?

Finalizada la temporada, solo queda el consuelo de "una copa del Rey", muy poco para el Real Madrid y mucho si tenemos en cuenta de dónde venimos. Los errores no van a desaparecer pero es tarea de los líderes blancos hacer que sean menos frecuentes. Eso bastará para alcanzar los triunfos que todos deseamos.

8.2 Lo peor no es cometer un error, sino tratar de justificarlo, en vez de aprovecharlo como aviso providencial de nuestra ligereza o ignorancia

Santiago Ramón y Cajal (1852-1934) Médico español.

- "Vaya hombre me he equivocado"

Acabo de soltar esta frase mientras buscaba información en Google que me ayudara a escribir mi parte de este libro. Suele ser normal cometer este tipo de pequeños errores, cuando estás haciendo muchas tareas a la vez. Pero en mi caso no me cuesta reconocerlo y no lo justifico, todo lo contrario, lo considero un aviso que me permite concentrarme. En este caso en escribir este capítulo con la suficiente calidad para no aburrir a los lectores.

Aprovechando un titular de un periódico deportivo *El Real Madrid presume de Cantera*", quiero explicaros lo que a mi parecer ha sido y está siendo un error de la directiva blanca de los últimos años.

Como algún otro lector también, pensé que era un error. ¿Cómo va el Madrid a presumir de cantera? Con un solo canterano del que puede presumir que ganó una Eurocopa y una copa del mundo. Pero cuantos otros canteranos jamás tendrán una oportunidad en el primer equipo.

¿Recordáis cuando en 2006 el Real Madrid Castilla (el filial del Real Madrid) descendió de segunda división a segunda B a pesar de la valía de algunos jugadores para la primera división o incluso para competir a primerísimo nivel? Los rivales o incluso algunos seguidores del Madrid no han parado de mofarse o quejarse en los últimos años de nuestra cantera.

Aun reconociendo el flojo rendimiento en las pocas oportunidades dadas a los canteranos; cabe preguntarse ¿ por qué valían para otros equipos y no para el Real Madrid? o ¿ Por qué eran carne de banquillo para muchos entrenadores y han acabado por quemarse como futbolistas? Podríamos hablar de la **Maldición de la Cantera Blanca**.

Claro que no es lo mismo jugar en el Real Madrid, el mejor y más grande club del mundo para muchos, que en clubes menores; ya que la responsabilidad de jugar en La Casa Blanca pesa como una losa, y no todos los buenos jugadores valen para ello.

El Real Madrid ha cometido errores, a veces magnificados, dejando escapar o vendiendo a jugadores de la cantera. Durante años la Planificación Deportiva ha demostrado ser incoherente. Reconociendo que la cantera del Madrid no es la mejor de España, si que cuenta con medios (instalaciones de Valdebebas), apoyo de la afición para con una buena gestión y planificación deportiva, y sin cometer errores y sabiendo actuar, convertirse en un gran sustento del primer equipo. Si preguntas en cualquier lugar de España o del mundo, o los jóvenes talentos, ¿Cuántos de ellos no darían cualquier cosa por pertenecer a la cantera del Madrid?

Gracias a los medios tecnológicos, afortunadamente hoy al alcance de la mayoría, de los españoles, tenemos los aficionados del Real Madrid la oportunidad de consultar la más detallada información sobre todos los jugadores que forman parte de los equipos de fútbol del club. Del primer equipo al Benjamín B, 303 futbolistas distribuidos en 14 plantillas. Podemos disfrutar de un vídeo con imágenes de todos los equipos del club, desde la primera plantilla hasta los más pequeños. ¡Ya pocos chavales cambian cromos, casi todo es multimedia ¡ Utilicemos estos medios para dar a conocer y valorar mejor el trabajo de los canteranos.

La Directiva del Real Madrid no puede ni debe presumir de cantera aún, no debe ignorar las críticas, ni tomarse a la ligera los comentarios que sus fieles aficionados les hacen.

Queremos jugadores que sientan la camiseta blanca desde que tienen uso de razón, queremos jugadores con un estilo definido, queremos que se hable de la cantera del Madrid, como se habla de la del Barca o la del Ajax. Y no hay justificación para no darnos esa satisfacción. Queremos más Quintas del Buitre, queremos más Amancios y Santillanas, más Gentos y Juanitos, queremos más Raules y Casillas, **queremos más Real Madrid.**

8.3 La vergüenza de confesar el primer error, hace cometer otros muchos.

 La Fontaine (1621-1695) - Poeta francés

Escuchar a los triunfadores ya sean empresarios, artistas, políticos o deportistas confesar sus errores y lo mucho que han aprendido de ellos, no deja de sorprenderme. Lo cuentan porque ahora se encuentran en la cima, lo cuentan para dar ejemplo a los miles y miles de personas que están hundidas tras su primer grave error.

¿Cuándo es el momento de confesar tu error? A nadie le gusta hablar de sus errores si no se está en posición ganadora. ¿Qué vas a enseñar si te has equivocado? ¿A quién le importa? Debes demostrar que te has recuperado, que has aprendido y que has vuelto a intentarlo evitando caer de nuevo en los mismos fallos y esta vez lo has logrado.

No creo que seamos diferentes de los americanos o los japoneses o los alemanes, si has cometido un error y ha sido grave posiblemente te marque para el resto de tu vida. Si no confiesas aunque sea a tus más íntimos que te has equivocado, posiblemente vas a cometer muchas veces el mismo error.

Los errores no siempre significan fracaso. De los errores del pasado se puede salir fortalecido.

Precipitarse malvendiendo jugadores como Robben, Sneijder or Van der Vaart por la crisis económica mundial fue un error económico, y quién sabe si deportivo. No me cabe duda que el objetivo principal de Florentino, unos de los hombres más poderosos de España, es conseguir el máximo de títulos posibles para el Madrid. Pero no escuchar a los aficionados que consideraban a los holandeses excelentes jugadores es un error más no confesado de Mr. Perez.

En cuanto a entrenadores, nadie pudo evitar la salida de Del Bosque hace años, ni la de Pellegrini el año pasado. No me gustan las marionetas, así que no creo que el entrenador chileno fuese el ideal para el Madrid, tampoco creo que Del Bosque fuese el entrenador que los madridistas quieren, al menos los menos conformistas, pero tampoco deseo el enfrentamiento interno actual entre Valdanistas y Mouristas. Hay que evitar un nuevo fracaso y recobrar la confianza hacia un nuevo proyecto deportivo y económico.

Quien erró una vez, como tantos otros mortales, puede volver a hacerlo. Pero si su cerebro ha asimilado los aciertos no debería repetir los errores.

8.4 De hombres es equivocarse; de locos persistir en el error.

(Marco Tulio Cicerón)

Como apasionado de la ciencia ficción, sin llegar, o eso espero, a la categoría de "freak", me gusta discutir muy a menudo con los amigos sobre la era galáctica del Madrid. ¿ Que aportó al club ? ¿ y a los hinchas ? .

En wikipedia podemos leer: "La «era galáctica», nombre con que se le denominó a la primera etapa del empresario español Florentino Pérez como presidente del Real Madrid C.F y que se inició el 16 de julio de 2000 con la victoria de Pérez sobre Lorenzo Sanz en las elecciones presidenciales del Real Madrid CF y acabó el 27 de febrero de 2006 cuando renunció al cargo tras tres años sin títulos y coincidente con las derrotas ante el Arsenal F.C. y el R.C.D. Mallorca, y la eliminación del club frente Real Zaragoza en la Copa del Rey".

Tomando unas cañitas en los pre-partidos o un café en los post-partidos surgen siempre los debates acerca de si se equivocó y se sigue equivocando Florentino Pérez al utilizar los principios empresariales para sacar de la crisis económica al club y devolverle la imagen y grandeza para muchos perdida por medio de la contratación de los mejores jugadores del momento y aprovechar el marketing que estos generaban.

¿ Se equivocó ?. -   En mi mente aparecen algunas maravillosas obras de arte de aquellos primeros galácticos; taconazos de Zidane, galopadas de Ronaldo, centros milimétricos desde la banda de Figo y fantásticas faltas directas ejecutadas por David Beckham. Obviamente no me preocupaban en esos delirantes momentos lo que habían costado estos extraordinarios jugadores, ni tampoco los beneficios monetarios de la venta de camisetas y derechos de imagen que estaban reportando al club. Conseguimos la Champion, dos Ligas, dos Supercopas de España, una Supercopa de Europa y una Copa Intercontinental. Poco importaban los debates maniqueos que buscaban enfrentar a los Zidanes y a los Pavones. Enloquecíamos con la Gloria de los campeones.

Mimar en exceso a los galácticos, anteponer los principios contables a los principios deportivos, dimitir ¿ fueron errores ?. El ocaso llegó demasiado rápido. Las luces de los galácticos se apagaron, el firmamento de estrellas del Madrid dejo de brillar y la oscuridad volvió a apoderarse del Imperio Blanco.

Pero el Emperador Perez no se rindió, perdió batallas económicas y deportivas, quizás la primera guerra, pero sabía que aún quedaban muchas batallas y guerras por librar. Así retorno a reclamar su Imperio, de nuevo como salvador y dispuesto a seguir fiel a su modelo en pos de la reconquista del Orgullo Blanco tan hundido como los ánimos de los fieles e incondicionales aficionados. Esta vez llegaron otros galácticos jugadores (CR9, Ozil, Benzema), esta vez se contrató a galácticos españoles (Xabi Alonso), esta vez se ha contratado a un galáctico entrenador (Mourinho) y de nuevo la hinchada madridista vuelve a soñar.

La persistencia es buena y deseable si se trata de conseguir una meta, pero la persistencia en los errores puede provocar de nuevo una crisis institucional y deportiva y una división que no es buena para el madridismo.

Si es verdad que el cerebro humano aprende, no de los errores sino de los aciertos, esperemos que esta vez el todopoderoso Presidente, dueño y señor de ACS, y del Real Madrid haya acertado y no sea un galáctico error.

9. E: EIC, El Estado Ideal de Competición factor de liderazgo (por Emilio Sánchez Vicario http://es.linkedin.com/pub/emilio-sanchez-vicario/7/494/500)

BIOGRAFÍA

Emilio Sánchez Vicario es un ex-tenista español, que fue el mayor exponente del tenis español en la década de los 80, ganando tanto en individuales como, sobre todo, en dobles, donde llegó a ser número 1 del mundo.

Posee una escuela de tenis, Academia Sánchez Casal junto a su compañero de dobles Sergio Casal, donde también colaboran sus hermanos y ex tenistas Javier y Arantxa. Ha desempeñado la labor de comentarista para Televisión Española. En 2008, fue el capitán español de Copa Davis que logró alzarse con la tercera ensaladera de la historia para España. Tras la final ganada en Argentina anunció que dejaba de ser el capitán pero su legado quedó plasmado en la consecución de la Copa Davis en el 2009 con el mismo equipo. Emilio es el primer deportista de alto nivel que ya tenía un perfil LinkedIn allá por 2008 cuando se fundó Spanish Leadership. De hecho es el propietario de 2 grupos de LinkedIN: Academia Sánchez-Casal y Liderazgo español en el deporte. Su perfil de LinkedIn (en inglés) es un ejemplo a seguir por cómo humildemente empezó y como en la actualidad networkea a todos los niveles algo que muchos líderes de empresa no saben hacer.

Current

- Presidente at Fundación Emilio Sánchez Vicario
- Presidente at Asociación de Deportistas
- Coordinador General de Tennis Brasileño at CBT Brazilian Federation
- Expert Tennis Comentator at Cuatro Grupo Editor
- Direction Tennis Club at Abama Hotel Resort
- CEO at Tennis & Friends S.L.(Academia Sanchez-Casal)

Past

- Spanish Resonant Leader por el Nobel de la Paz para Vicente Ferrer at Spanish Leadership
- Expert Tennis Comentator at TVE
- Partner at Xeresa Golf
- Consultant at Head
- Captain Spanish Tennis Davis Cup at Real Federacion Española Tenis
- Colaborador at Marca
- buyer at Global Caps
- client at Octagon
- sponsorship at zepfer

9.1 Los 4 factores del EIC según Emilio en LInkedIn

La Energía que crean los hinchas, pues estos son los que tienen fé en el talento español, es una de las claves del éxito del deporte español. Cuando la mayoría de la gente cree que la victoria es posible, la energía fluye y se mueve hacia una dirección clara: **Éxito**". Esta auto-definición marca de la casa de Emilio Sánchez Vicario es completamente consistente con un principio de liderazgo: El éxito es un viaje no un destino.

Los cambios sociales que han sucedido en España en los últimos 20 años han hecho a los españoles pensar como los países más importantes del mundo lo cual fue clave para los últimos éxitos del deporte. Emilio dice que la prueba está en que cuando la gente cree que puede, la gente puede mover montañas. Esta auto-definición marca de la casa de Emilio es completamente consistente con lo que dice David J. Schwartz en su libro The Magic of Thinking BIG (no hay traducción al español) que lleva décadas en el mercado americano. David lo dice: Se puede mover una montaña con fe.

Emilio alaba a los líderes españoles como Luis Aragonés, Lolo Sainz o Pep Guardiola por haber encontrado la forma de crear lo que se llama EIC (Ideal State of Performing, es decir, Estado Ideal de Competición) el cual pone, según Emilio, 4 factores juntos:

1. Físico
2. Emocional
3. Mental
4. Espiritual

Nuevamente esta auto-definición de Emilio es de alta calidad porque es lo que Mc Kee, Boyatzis y Johnston recomiendan en su libro Becoming a Resonant Leader. Lo llaman The Medicine Wheel y lo ponen casi igual (Body, Mind, Spirit and Emotion).

9.2 Liderazgo de Guardiola y Mourinho según Emilio en Word Press y LInkedIn

Una de las maravillas de LinkedIn es que integra todo tipo de webs (inclusive twitter u otras muy famosas como youtube o Amazon.com) y por supuesto blogs como Word Press. El poder del network es tal que desde 2009 Emilio Sánchez-Vicario nos viene diciendo que le lea en http://emiliosanchezvicario.wordpress.com/ donde escribe en ingles, italiano, portugués y lógicamente en nuestro español. Lo que ha escrito Emilio sobre Pep Guardiola y José Mourinho es lo más civilizado y cuerdo de cuanto se ha escrito porque escribe solo sobre liderazgo.

"Quiero dar mi opinión sobre sus dos protagonistas, sus dos entrenadores, Guardiola y Mourinho, sobre cómo ejercen de líderes en dos clubes muy difíciles y complicados.

Si lo analizamos, son muy pocos los líderes que consiguen su propósito, porque dependen de las personas, de los miembros de los equipos, y estos tienen cada uno su distinta personalidad, vienen de distintos backgrounds, y muchas veces esto hace que cada uno de los miembros del grupo vea sólo su propia realidad y siga sólo sus propios objetivos. ¿Qué hacer ante esta situación? Una de las maneras de conseguir la misma meta como equipo, es creando el "Estado Ideal de Competición", donde el líder logra que todos los miembros del grupo crean, persigan y busquen esa meta. Es fundamental que acepten los roles designados para cada uno con el fin de ayudarse y buscar ese objetivo común, que es el mismo objetivo del líder.

¿Cómo crea el líder ese Estado? Consiguiendo que esos profesionales conjunten al mismo tiempo cuatro importantes factores, lo cual les dará la oportunidad de ser competitivos para luego poder llegar al objetivo común. Estos cuatro factores son: el primero, que todos estén en su mayor potencial de FORMA FÍSICA, lo cual implica que hayan trabajado bien, se hayan cuidado, hayan dormido lo necesario, y hayan comido correctamente para poder rendir. El segundo, que MENTALMENTE estén alineados con un objetivo común, no específico y personal de cada uno, y estén dispuestos a sacrificarse por el grupo para llegar a esa meta. El tercer factor es que puedan controlar las EMOCIONES, y el mejor modo es teniendo claros los patrones de juego y roles de cada uno, lo cual permite, en los momentos difíciles, un mayor autocontrol y seguridad en sus posibilidades. Por último, el cuarto factor, mantener el ESPÍRITU, el aura, ese alma o esa fuerza interior que te da la energía necesaria para seguir adelante con fuerza ante la adversidad y poder llegar así a ese fin común.

Se habla mucho de las diferencias de Guardiola y Mourinho, pero dentro del grupo de cada uno ellos consiguen los mismos objetivos, el crear esa energía y plasmarla en la competición. Estos dos líderes son los mejores en crear ese ESTADO IDEAL DE COMPETICIÓN. Aunque parezcan dos extremos en cuanto a la forma de liderar, realmente son sólo diferentes en cuanto a cómo encaran su posición hacia afuera, hacia el público, en cómo se muestran, en lo que se percibe desde fuera. Por ello, la prensa cae en ese análisis, Guardiola se nos muestra con un perfil que conlleva los valores de humildad, educación, sinceridad, compañerismo. En cambio, Mou implica la prepotencia, la superioridad, la meticulosidad. Hay otros muchos modelos de entrenador, unos que se acercan más a Guardiola, como Del Bosque, y otros más a Mou, como Capello.

No obstante, si profundizamos, si les preguntamos a los jugadores, a sus asistentes o a sus allegados, se trata simplemente de eso, de imagen hacia fuera, de cómo se nos venden o se muestran, pero la realidad interna es que sus jugadores, su gente, lo daría todo por ellos, los defienden a muerte, serían capaces de cambiar de posición si ellos se lo dijeran, les ceden todo el protagonismo, ¿por qué? Porque ellos dos se lo han ganado, lo han dado todo antes que los jugadores, son los primeros en llegar, los más disciplinados, los que más preparados están, los que más argumentos tienen, los que han sacado lo mejor de ellos, los que les defienden cuando nadie más lo hace, los que dan todo por sus jugadores incluso su puesto, los que no aceptan un no, y la vida al final es eso, dar y recibir. Ellos son grandes líderes porque son más generosos que nadie con su equipo, a quien lideran y de quien necesitan ese ESTADO IDEAL DE COMPETICIÓN. Por ello, Físicamente llegan a los grandes eventos mejor que nadie. Mentalmente los recuperan, están presentes y con el objetivo claro, cuando alguno se sale del foco ahí están ellos para reconducirlo. EMOCIONALMENTE no tienen miedo al fracaso y lo saben transmitir a sus jugadores, no dudan en tomar decisiones, las explican y los que podrían parecer los perjudicados al final son los que les sacan de los apuros porque persiguen el mismo objetivo común. Y por último, ESPIRITUALMENTE consiguen conjuntar las energías internas, que la energía fluya, la de todos, y eso es una fuerza inexpugnable que va en una sola dirección.

Por ello, aunque ellos quieran, o la prensa nos lo haga creer así y por ello los percibamos como extremos opuestos, y algunos prefiramos un extremo o el otro, hasta el punto de que uno pueda ser querido y el otro odiado, se trata sólo de modos de presentarse hacia fuera, pero ambos están tocados con una varita mágica y son los números uno en cómo gestionar personas, como motivar a estos grupos complicados por sus diferencias y conseguir así el mismo resultado a través de ese Estado Ideal de Competición.

Yo pienso que nuestra forma de expresarnos es nuestra voz pública, cómo nos ven desde fuera, mientras que nuestra voz interna es nuestra alma, nuestra verdad y cómo somos en realidad. Guardiola y Mou son iguales en su interior y en cómo se muestran a su gente, la diferencia está en la voz pública de cada uno de los dos, que dista muchísimo. Cada uno que decida con quién se identifica. Justo antes del partido los dos modelos son iguales. Después del partido habrá diferencias, pero los que hemos competido sabemos que lo que cuenta es dar lo mejor de uno mismo, muchas veces consigues la victoria pero otras no. En este caso ambos merecen todos mis respetos, y gracias a ellos nos espera uno de los espectáculos más competidos y de mayor nivel del deporte. Con todo esto quiero decir que son muy parecidos, ambos tomarán las decisiones necesarias para el grupo para llegar a la excelencia, como hizo Guardiola con Ibrahimovic, el cual aunque como jugador fuera muy bueno, no entraba en su filosofía y lo sacó. No hubiese sido ese comportamiento típico de Mourinho? O cuando Mourinho se sale antes del partido de Copa con su motivación y después en el partido todo el plantel lo da todo, no es eso filosofía típica de Guardiola?

Desde aquí quiero felicitar a los dos, por conseguir ambos algo tan complicado, por hacer soñar a tanta gente, y sobretodo por elevar el nivel de un deporte a la excelencia. Aunque para muchos el que gane será mejor, para mi os puedo asegurar que ya han ganado los dos, y espero que se cree una de esas grandes rivalidades que ensalzan los deportes como los Nadal-Federer o los Lakers-Boston.

Ahora que está tan de moda el aplicar los liderazgos del deporte a la empresa, todos los que gestionamos grupos tenemos mucho que aprender de estos dos grandes líderes, de estos dos maestros de la gestión de las energías."

9.3 El hijo de Emilio Sánchez Vicario en la escuela del Fútbol Club Barcelona

Lo primero que te impacta de la escuela del Fútbol Club Barcelona es el orden, alli hay que llegar 45 minutos antes de la hora, les enseñan a cambiarse, a cuidar el material limpio para cada entreno, todos son iguales, los nejorcitos respetan a los menos buenos. Cambian el entrenador y los porteros de los grupos cada dos meses. Asi todos compiten igual. Trabajan con la bola todos los dias, de la misma forma que los del primer equipo. Cuando terminan los entrenos a ducharse obligatorio. Los padres en la banda no pueden ni abrir la boca, aunque alguno mas fanático que otros se nota que presionan o suenan para que sus babies mejoren.

La verdad es que viniendo de un deporte individual me han dado una leccion de como tratar a los alumnos e implantare lo que pueda en mi escuela.

El Barca son valores y los jugadores aprenden a buscar su oportunidad, los entrenadores, presocupados, hacen informes trimestrales que desglosan las virtudes y defectos de la tecnica, táctica, mental, emocional, fisico y espiritual. He hablado mucho del EIC y de Guardiola, la verdad es que su filosofia va para abajo en la piramide y los responsables como Zubi, Amor, etc..siguen sus directrices y consiguen que hasta los peques de 7 años fortalezcan ese espiritu que sentimos en el primer equipo. A esa edad mi hijo ya empieza a entender que no puede llegar tarde, que debe hidratarse, que debe llegar descansado, contento, féliz, divertirse y esforzarse. ¿ Se acuerdan? Esta empezando a entender, a empaparse ya de pequeño que para jugar al maximo nivel debe crear su EIC y en el Barca lo tienen claro.

Emilio Sánchez-Vicario, Barcelona, España, 24 Mayo 2011

* Todos los beneficios económicos que Emilio Sánchez-Vicario obtenga de la publicación de este libro se reasignarán a la Fundación que lleva su nombre la cual utilizará los fondos en la financiación de proyectos

10. A: ¿A dónde llegará el modelo galáctico al final de esta década? (por José Garrido *http://es.linkedin.com/in/josegarridogr*)

BIOGRAFÍA

Nació en Palma de Mallorca, en la década de los sesenta. Es un profesional con una experiencia de más de veinte años en la industria de la aviación. Con estudios en Dirección de Empresas, Finanzas y Management se considera un profesional capaz de asumir responsabilidades en entornos turbulentos. Está convencido que un buen *equipo* es la clave del éxito en las organizaciones.

Actualmente ejerce de CFO en un grupo del sector aéreo. Anteriormente ocupó las posiciones de Subdirector de Auditoría y Director Financiero de una importante compañía aérea española. Además es consultor y colabora como profesor en Escuelas de Negocios.

En Julio de 2008 fue galardonado con uno de los premios a los "100 Mejores Financieros del año" otorgado por la Revista Actualidad Económica y KPMG. Desde Abril del 2010 es miembro asociado de Spanish Leadership y Socio fundador de Turinomia, una web-blog especializada en turismo y economía.

Aficionado al futbol, no en valde, jugó como amateur en varios equipos regionales de Mallorca y posteriormente como jugador de futbol-sala. Es seguidor del RCD Mallorca y del FC Barcelona.

10.1 La primera etapa de Florentino no tuvo tanto éxito

Fichar a golpe de talonario, gestionar un club de fútbol como si de una empresa privada se tratara, convertir sentimientos en cuentas de resultados, realizar inversiones de dudoso retorno y como resultado obtener escasos y contados éxitos deportivos ha sido el bagaje de una gestión crítica, en dos etapas diferentes, del actual Presidente del Real Madrid.

Muy alejado de realizar una gestión deportiva basada en el desarrollo exitoso de la cantera, que en años anteriores sí se hizo, acordémonos de *"La quinta del Buitre"*, desde la implantación del "Modelo Galáctico" el Real Madrid ha tenido entre sus filas grandes futbolistas reconocidos a nivel mundial y su afición más allá de disfrutar de los éxitos del equipo y de los *"cracks"* fichados han podido ver que éstos éxitos han llegado a cuenta gotas y en algunos casos convertidos en éxitos de poca monta.

Si bien, hay que reconocer que en la primera etapa del modelo galáctico el Real Madrid se llegó a posicionar como el Club más rico del mundo "en ingresos", desbancado al mítico Manchester United, el descenso del rendimiento deportivo era un hecho y fue precisamente en la temporada 2005-2006 cuando se reflejó de manera evidente la catástrofe deportiva del club con la eliminación en octavos de final de la Copa de Europa ante el Arsenal F.C. cuya base deportiva (muy diferente a la de su rival) era el desarrollo de su propia cantera.

La primera etapa (2000/01-2005/06) del modelo galáctico le supuso al Real Madrid haber efectuado inversiones por más de 700 millones de euros para obtener un *ebitda*, en dicho período, de unos 100 millones de euros y unas pérdidas acumuladas de casi 600 millones de euros. La desconfianza, el fracaso deportivo y la descompensación de la plantilla puso en evidencia el modelo galáctico y como consecuencia la dimisión del presidente de la entidad.

10.2 El Retorno de Florentino

Tras cuatro temporadas de presidencia de Ramón Calderón, cuyo modelo es prácticamente imposible de definir, llega el "Retorno de Florentino". No escarmentados de la primera etapa, donde se quemó el Cash de la entidad a base de efectuar fichajes "galácticos" se alza de nuevo con la presidencia del club en Junio del 2009.
Es el verano del 2009 donde, después del fracaso deportivo reconocido en su anterior etapa, vuelve de nuevo el modelo galáctico de la segunda era de Florentino Pérez.

Veamos los galácticos fichados en escasos tres meses de la temporada 2009/10.

> Kaka   *65 millones de euros*
> Cristiano Ronaldo   *96 millones de euros*
> Karin Benzemá   *35 millones de euros*
> Raúl Albiol   *15 millones de euros ¿galáctico?*
> Xabi Alonso   *30 millones de euros*

Desembolso Total	***241 Millones de Euros = 0 Títulos.***

Desilusionados con los resultados deportivos, el presidente de la entidad vuelve a dar otro golpe de tuerca a la Caja de la entidad blanca, ficha a Xose Mourinho, considerado como un entrenador estrella (por tanto galáctico) tras haber eliminado al Barça en la Champions League.

Y con nuevo entrenador, empiezan de nuevo los fichajes de la temporada 2010/11, aunque los nuevos fichajes no son mediáticos, ni considerados galácticos, son jugadores considerados como jóvenes promesas que a diferencia de los galácticos pueden ofrecer frescura, juventud, ilusión y éxitos a un club falto de ello. Por tal motivo son fichados a precios de *"ganga"* los Özil, Di María, Khedira, León, Canales y en la segunda parte de la liga a Adebayor.

El objetivo era volver alcanzar la gloria deportiva y económica del club y para ello había que tener plantilla suficiente para hacer frente a su eterno rival en la competición liguera el CF Barcelona, cuya base del equipo titular, durante los últimos tres años, ha estado formada por jugadores de gran valor y de reconocido prestigio salidos de *"La Masía"* la cantera azulgrana.

Al final, la temporada 2010/11 ha finalizado y el FC Barcelona ya se ha proclamado Campeón de Liga, por tercer año consecutivo, con 4 puntos de diferencia del Real Madrid.
Además el Madrid de los galácticos ha quedado eliminado de la Champion League y tan sólo ha podido conseguir la Copa del Rey, ambas eliminatorias frente a su más eterno rival el FC Barcelona.

Triste balance para un club de reconocido prestigio a nivel mundial y que sus *"modelos de negocio"* no consiguen sus objetivos finales a pesar de estar quemando la Caja constantemente. El modelo corto placista y de alta inversión que ha utilizado el Real Madrid, durante las dos etapas de Florentino Pérez con el objetivo de conseguir éxitos, no ha garantizado que estos llegaran. A pesar de tener grandes jugadores *"la pelota entra cuando quiere y muchas veces por casualidad"*.

Basar el futuro de un club como el Real Madrid en fichajes mediáticos y caros, esperando que los éxitos deportivos lleguen de la mano de las individualidades y de las excentricidades del líder es harto difícil cuando no se cuenta con un equipo equilibrado en todas las bandas. A diferencia del Barça, el Madrid de Florentino Pérez ni fomenta ni cuenta con los jugadores que provienen de la cantera. El futuro de un gran club pasa por invertir en jugadores de fútbol base, en formarlos y en darles oportunidades en el primer equipo. La falta de todo ello da como consecuencia una situación de desequilibrio tanto a nivel económico como deportivo.

Es evidente que desarrollar un equipo cuya base vaya a estar formada por jugadores de la cantera, es trabajar en un proyecto futbolístico a largo plazo, que asegure el éxito futuro de la entidad. Así lo hizo el Real Madrid años atrás donde la "quinta del Buitre" dio enormes éxitos al club. Chavales jóvenes provenientes de la cantera que jugaban al fútbol de manera magistral y que encandilaban a la afición, dicha sea de paso, no sólo a la madrileña. En ese modelo, años después, se ha basado el Barça para formar un equipo que juega como ningún otro y que además de ofrecer espectáculo y buenos resultados es la envidia del fútbol mundial.

10.3 Second place is first loser

Hace unos años, asistí en Palma de Mallorca, a una conferencia de Jorge Valdano. En su ponencia explicaba como fue capaz, contra viento y marea, de pasar de las categorías inferiores al primer equipo a Raúl González, un chaval de 17 años.

Precisamente, su debut en la Romareda ante el Zaragoza no fue un éxito, tuve varias ocasiones claras de gol que desaprovechaba una y otra vez, el partido se perdió por 3-2 y fue muy criticado tanto él como su entrenador. Jorge confiaba en el potencial de Raúl y de ahí que no dudó en alinearlo en los partidos posteriores, Raúl a pesar de su juventud demostró a lo largo de los partidos que podía ser un gran jugador y un gran líder del equipo, el tiempo dio la razón a Jorge Valdano.

Partido a partido, Raúl fue demostrando su capacidad y dotes futbolísticos hasta llegar a ser un líder indiscutible del equipo, que ha dado grandes alegrías al futbol nacional y en especial al Real Madrid y a su afición. Esto es una prueba más que invertir en la cantera es la mejor manera de crear grandes jugadores y éxitos para el club. Actualmente, Jorge Valdano forma parte de la directiva del Real Madrid, además su experiencia tanto como jugador como entrenador, le han dado un bagaje importantísimo en lo que se refiere a la gestión de equipos y del liderazgo, tal vez, convendría escucharlo. Por cierto, en aquella conferencia Jorge Valdano, afirmaba que el Real Madrid era un equipo cuyo objetivo era ganar la liga y que quedar segundo en la clasificación era visto como un fracaso rotundo. Tal vez aquí cabe aplicar el dicho inglés *"Second place is the first loser"*.

Los equipos de futbol deben ser capaces de crear y desarrollar talento desde la base si desea que todo su esfuerzo como club se convierta en éxitos futuros. La cantera azulgrana es un ejemplo de ello y entre los años 80 y 90 lo fue el Real Madrid con la famosa "Quinta del Buitre".

La lección está aprendida y creo que tras dos eras de fracaso aplicando el "modelo galáctico" el Real Madrid debe recapacitar y ser capaz de crear un equipo equilibrado en sus líneas, que cualquier suplente pueda sustituir a cualquier titular en cualquier momento de un partido y que el equipo no note la diferencia (eso en la liga española, sólo está ocurriendo en el FC Barcelona). Y por supuesto, apostar por la cantera.

Fichar a golpe de talonario no garantiza el éxito futuro. Nadie duda que gestionar un club como una empresa puede ser bueno si se hace bien, pero no hay que olvidar la parte humana. Los sentimientos por los colores de un club y las emociones que ello provoca ante los fracasos y los éxitos son muy difíciles de gestionar

Aunque el FC Barcelona está demostrando años tras año que su modelo de gestión y deportivo funciona, el Real Madrid es consciente de que la distancia que les separa es cada vez menor. El Real Madrid debería dar un paso al frente apostando por una plantilla más compensada y creativa, olvidándose de modelos obsoletos basados en el corto-placismo.

Estoy convencido de que a pesar de que se siga comprando algún jugador tirando de la chequera, el Real Madrid como entidad y su equipo técnico optarán a corto o medio plazo a conformar un "equipo" competitivo cambiando la actual política de fichajes del Presidente.

Hay que aprender de los que lo hacen bien y olvidarse de modelos deportivos fracasados. No es complicado ni sencillo pero el resultado final aportará al club y a la afición más satisfacciones y éxitos que los que en los últimos años el Real Madrid ha obtenido.

Tampoco hay que olvidarse de los que hacen grande a un club que además de sus jugadores es la afición. Ésta aporta el ánimo, el aliento y la presión que son necesarios en tantos momentos de la competición. Por ello hay que gestionar con éxito los sentimientos y las emociones que genera el futbol en sus aficionados.

José Garrido, Mallorca, España, 22 Mayo 2011

11. D: Decisiones es valor de liderazgo: El éxito de Guardiola se basa en valores (por Fernando Giner http://www.linkedin.com/in/fernandoginer)

BIOGRAFIA
http://unmundofeliz.lacoctelera.net/
http://www.enevolucion.com

Licenciado en Ciencias Económicas por la Universidad de Barcelona en 1974 y Doctor en Ciencias Económicas y Empresariales por la Universidad de Alcalá en 1986. Profesor Titular en el área de organización de empresas en la Facultad de CCEE y Empresariales de Alcalá, en la que imparte docencia en las materias de organización de empresas, recursos humanos y sistemas de información.

Desde su incorporación a la Universidad de Alcalá en 1987, ha compaginado la docencia con el ejercicio profesional en empresas. Ha sido directivo de empresas tales como BBVA, Santander, Banco Herrero, Société Générale, Urquijo y desde 1994 a julio 2005 directivo de la unidad de consultoría y responsable de proyectos en las empresas Ibermática, Global Management Consulting y Mnemo Integration and Services. Actualmente es socio-director de la empresa de consultoría en organización, desarrollo personas y sistemas de información Ingenio y Talento. Es también colaborador experto en las empresas Anova IT Consulting, enEvolución (grupo de profesionales en red) y Área 10

Autor de varios libros, entre los que destacan:

- Emprende. Convierte tu sueño en realidad. Ediciones ESIC 2011
- Cómo crear y hacer funcionar una empresa. 8ª edición. Ediciones ESIC 2010
- Profesionales en evolución (coautor). Ed. Lid 2009
- Cómo crear y hacer funcionar una empresa. Casos prácticos. 2º edición. Edición ESIC 1997
- Los sistemas de información en la sociedad del conocimiento. Ed. ESIC 2005

En preparación, los libros:

- Lecciones de management desde el cine

Otras actividades docentes y profesionales:

- Director académico del Master en Gestión e Ingeniería de los Servicios. Titulo Master de la Universidad de Alcalá
- Director Académico del programa de formación "experto" en ERP RRHH y Finanzas (5ª edición). Acreditado por SAP
- Responsable del Master Oficial "dirección e Innovación del Cambio" a impartir en la Universidad de Alcalá en su itinerario de "tecnologías y sistemas de información"
- Impartiendo curso de doctorado en Santo Domingo, "La organización de la empresa en el siglo XXI"
- Director del Título Propio de Experto en: Dirección y gestión de la información y sus tecnologías: diseño y desarrollo de los sistemas

empresariales de información. Título de la Universidad de Alcalá en colaboración con Global Estrategias.

- Miembro del grupo de Innovación Docente Activa (desarrollo pedagógico y metodológico de la enseñanza en organización de empresa)
- Colaborador como docente en los Master,s:

  o Internacional de Gestión Universitaria (Santo Domingo). Responsable de los contenidos de "Las estructuras organizativas de las empresas"
  o Turismo, organizado por la Escuela de Guadalajara. Responsable de los contenidos "La gestión de las relaciones con los clientes"

- Miembro directivo del IDOE (Instituto de Organización y Dirección de Empresas, dependiente de la Fundación Universitaria de Alcalá) desde el que se organizan actividades de formación, de investigación y de asesoramiento y orientación a empresas.

Artículos más destacados

- New Competences for Crisis Times. 68 International Atlantic Economic Conference. 8-11 October 2009. Boston
- Cicero-e: Interactive Tourisme for SMEs.M.D. Lytras et al. (Eds.): WSKS 2009,CCIS 49, pp. 420–429, 2009.
- Estado del conocimiento y del uso de las TICS en las Pymes Españolas. Actas 4ª Conferência Ibérica de Sistemas e Tecnologias de Informaçao. Povoa Varzim (Porto) 17-20 junio 2009
- La Comunicación de la RSC en las Empresas del IBEX 35. Las cartas de sus presidentes.Partida Doble. Número 209.Abril 2009
- Benchmarking Corporate Social Responsability within Sapanish Companies.International Atlantic Economic Society. Publised on line june 2008. DOI 10.1007/s11294-008-9190-7
- Estrategia colaborativa y de conocimiento para la igualdad de género.En libro ponencia en IADIS Conference Ibero-Americana WWW/Internet 2007. Vila Real, Portugal, 7-8 Octubre 2007
- The importance of corporate social responsability and ist limits. Publised on line 6 june 2007. International Atlantic Economic Society 2007
- Organización eficaz de la formación e-learning. Una experiencia de éxito. En libro ponencia CISTI 2007, 21 a 23 de junio 2007. Oporto. Portugal
- Un modelo para medir la Responsabilidad Social Corporativa en las empresas. Partida Doble, nº 182, noviembre de 2006
- Experiencias de éxito en el diseño de cuadros de mando.Partida Doble, nº 176, abril 2006
- The strategic social map of a non governmental organization. International Advances in Economic Research, Volume 12, No. 1, February 2006
- La cadena de montaje de la administración. Una nueva forma de gestionar las organizaciones.Partida Doble, n. 170, octubre 2005
- Innovación y gestión del cambio. Revista Economía y Empresa, n. 39, vol. XIV (2ª. Época), 2º. Cuatrimestre 2000
- El Comportamiento virtual, una nueva forma de hacer empresa. Barcelona Management Review, Número 15 Esade, IESE, Winterthur / septiembre-diciembre 2000

- La aplicación práctica de la gestión del conocimiento. Método para identificar y desarrollar proyectos de gestión del conocimiento. Harvard-Deusto Finanzas y Contabilidad. Número 29 mayo – junio 1999
- Gestión del Mix de Canales en las Entidades Financieras".Sumario Empresarial.Sumario Empresarial 1997
- El datawarehouse y la cadena de valor de la información. Sumario Empresarial 1997

11.1 Los logros desde 1988 hablan elocuentemente

Para un profano en el mundo del futbol, como yo, eso sí aficionado, simpatizante del FC Barcelona, pero que no está en la trastienda de lo que se cuece, y observa el futbol con ojos de interés para ver si encuentra alguna aplicación, en la gestión, en la forma de hacer equipo, para trasladarlo al mundo de la empresa, no deja de llamarle la atención lo que está haciendo el FC Barcelona, capitaneado por Josep Guardiola, en estos últimos tres años. Y no deja de preguntarse que hay detrás, como se consigue que un colectivo humano, además de élite, permanezca comprometido con unos objetivos año tras año, encima consiguiendo logros, cuando eso en el mundo de la empresa es tan difícil, complicado y casi nunca se consigue.

El preguntarme que hay detrás y el tratar de dar una respuesta desde fuera, como mero espectador, es lo que me ha movido a colaborar en este libro.

Para ver si hay diferencias y progreso o si por el contrario hay estancamiento o retroceso, basta con hacer una simple comparación numérica. La vamos a hacer con el número de trofeos que el CF Barcelona ha conseguido a lo largo de su historia y fragmentando antes de Johan Cruyff y después de Johan Cruyff. El motivo de elegir el palmarés deportivo como unidad de medida es obvio. Estamos ante un club deportivo y a un club deportivo debe medírsele su eficacia, eficiencia, razón de existir por su palmarés deportivo. Son las razones deportivas y no otras la razón de su existencia. Los éxitos y méritos deportivos son su producto.

El FC Barcelona fue fundado el 29.11.1899, hace 111 años y 6 meses. En ese periodo ha conseguido 70 títulos. Pero lo que sorprende es cuando se hace la comparación entre el periodo anterior a Johan Cruyff y después de Johan Cruyff. Este entrenador fue fichado por el entonces Presidente José Luis Núñez el 4.de mayo de 1988, poco después de la famosa crisis del Esperia. Johan Cruyff desembarca en el FC Barcelona, para hacerse cargo del primer equipo, con la filosofía bien aprendida y practicada del Ajax, en cuyo seno se formó como futbolista. Pues bien los datos antes de su llegada y después de su llegada son los siguientes (ver detalle en tabla):

- De 1899 a 1987, un total de 88 años, se obtienen 37 títulos
- De 1988 a 2011, un total de 23 años, se obtienen 33 títulos. Y todavía cabe la posibilidad de sumar 4 más (Liga de Campeones, Supercopa de España, Supercopa de Europa y Mundial de Club) o tal vez ninguno.

Total trofeos desde 1899	Trofeos desde 1988 inclusive
21 Ligas	11. Los años 90-91,91-92,92-93,93-94,97-98,98-99,04-05,05-06,08-09,09-010 y 10-11
25 Copas del Rey	5. Los años 88,90,97,98,09
9 Supercopas de España	8. Los años 91,92,94,96,05,06,09,10
1 Mundial de Club	1. El año 2009
3 Ligas de Campeones de la UEFA	3. Los años 91-92,05-06,08-09
4 Recopas de Europa de la UEFA	2. Los años 88-89, 96-97
3 Supercopas de Europa de la UEFA	3.Los años 92,97,09
3 Copas de Feria	0
1 Copa de Campeones de Feria	0

Es decir el 47% de los títulos los ha conseguido desde la etapa de Johan Cruyff. Ha tardado casi un 70% menos de tiempo en conseguir títulos que lo que tardaban antes. Es evidente que algo pasó y sigue pasando. El F.C. Barcelona desde la etapa Johan Cruyff y en el presente se ha vuelto un club regular, se ha acostumbrado a ganar títulos, ha aprendido como hacerlo. En los 23 años que median desde el inicio de Cruyff hasta el presente se han ganado 33 títulos, a más de un título por año. Cosa que antes no sabía hacer, era un club errático, irregular, posiblemente acomplejado.

11.2 Decisiones acertadas en base a filosofía, valores y cantera

Qué duda cabe que han pasado cosas. La principal a mi juicio que se han tomado decisiones muy acertadas. No se ha pensando en hacer un negocio en base al club o en torno al club. O que el club fuera un escaparate para otro tipo de negocio. Lo primero no es el negocio, lo primero es lo deportivo, es lo deportivo lo que trae el negocio y no al revés. Se penso en hacer un club deportivo que se pudiera medir sus éxitos por su palmarés deportivo. A un club con éxito deportivo es difícil que le puedan faltar recursos financieros. Hoy en día la imagen y el merchandising son enormes fuentes de ingresos. Y para volverte un club atractivo a los otros, al público nacional e internacional, para que compren tu imagen, los productos con tu marca, no basta con el hecho de que llenes la plantilla de nombres, tienes que presentar resultados –títulos– con esa plantilla. Solo así consigues llenar los bancos del estadio con asiáticos vestidos con la camisita del club y lograr que tu nombre funcione y tus productos se compren en todas partes del mundo. Solo así logras que, cuando visitas los campos de tus adversarios, la mayoría de las veces algunos de los jugadores de la plantilla salen del terreno de juego aplaudidos por público contrario.

A mi juicio las decisiones se asentaron en tres bases, las cuales han ido creciendo y Josep Guardiola las ha hecho muy suyas y las ha acrecentado y profundizado.

- Filosofia. Hacer realidad ese lema que siempre ha sido como una marca del barcelonismo, "mes que un club". El F.C. Barcelona debería trascender lo deportivo, su sello, su comportamiento, su estilo de hacer las cosas debían transcender. Ello requería implantar una fuerte cultura. Esa filosofía puede hoy verse reflejada en el estilo de juego y en la forma de comportarse de los jugadores, para con el contrario, el público y la prensa. Han creado un estilo propio. Algo tremendamente complejo de hacer y que solo, tal vez, está al alcance de las ordenes religiosas.

- Valores, son la base del desarrollo de la filosofía y de la cultura. Había que impregnar a todos, desde los utilleros, cuerpo médico y jugadores, de una forma de ver las cosas, de entender la realidad, de un modo muy particular y propio de hacer. Estos valores, al igual que una mancha de aceite, debían permeabilizarse por todas las categorías, desde el primer equipo al infantil y juvenil. Así nacieron valores como: el compañerismo, el sacrificio, el equipo antes que el individuo, el esfuerzo permanente y constante, el orgullo de ostentar y defender unos colores, la honestidad, el reconocimiento del otro, la atención a tú público.

- Cantera. Había que construir desde abajo. Todas las categorías tenían que entender y practicar la misma filosofía, la misma cultura y en consecuencia poner en práctica los mismo valores y por lo tanto el mismo estilo de juego. El Barcelona empieza a adquirir un estilo de juego propio, si bien es cierto que en un primer momento el club se "holandiza", pero poco a poco la cantera va haciéndose presente. La cantera, con su estilo propio de juego, igual que el del primer equipo, empieza a hacer su acto de presencia, de una forma más determinante, con Frank Rijkaard y estalla en su plenitud con Josep Guardiola.

Hasta tal punto el modelo asentado en filosofía, valores y cantera ha tenido éxito, que el mismo ha trascendido al propio club, ha llegado hasta la selección española. En el último mundial, en el que nos proclamamos campeones del mundo había 6 jugadores titulares procedentes de la cantera de FC Barcelona (Xavi Hernández, Carles Puyol, Andrés Iniesta, Gerard Piqué, Pedro y Sergio Busquets). Jugadores que en mayor o menor medida, algunos se incorporaron más tarde a la cantera, han vivido desde una forma muy interna los valores que marcan una conducta y un estilo de juego.

Otro ejemplo ha sido el partido contra el Deportivo de la Coruña, el domingo 15 de mayo. Guardiola, ante el próximo partido de Wembley, optó por dar descanso a los principales titulares. Utilizó un total de 14 jugadores, de los cuales 7 eran canteranos no habituales (Bartra, Fontás, Dos Santos, Oriol Romeu, Thiago, Jeffren y Bojan). Cierto, no ganaron, a la cantera le cuesta hacer goles, pero mantuvieron el mismo esquema y filosofía de juego que los titulares.

Ciertamente Josep Guardiola ha heredado un portaviones que funciona. Él lo ha consolidado todavía más, le ha dado más fuerza. Lo conseguido en estas últimas tres temporadas es digno de análisis muy profundo. Ha conseguido 9 títulos, un 27%, de los conseguidos en la etapa 1988-2011. Y todavía esta temporada no ha terminado.

Guardiola ha "bebido" desde dentro los atributos que hemos mencionado antes, de filosofía, valores y cantera. El estuvo en el nacimiento del proyecto, vivió todo el entresijo. No olvidemos que formo parte destacada del Dream Team de Cruyff, e incluso ya estaba antes que él. Tuvo una trayectoria como recogepelotas en el propio Club.

11.3 Los 3 ejes de Guardiola tienen como pata clave el TEAM

Josep Guardiola posiblemente ha actuado sobre tres ejes, sobre los que se asienta su forma de actuar:

1. Reforzar al máximo el peso de la cantera. La materia prima es vital para la continuidad. Y la materia prima comprometida con motivación interior está en la cantera. Una materia prima que en su trayectoria se va empapando de los valores del Barcelona. Una cantera en la que la motivación nace desde dentro. Muy importante este punto.

   Cuando tú como ser humano haces las cosas por el hecho de que estás comprometido con lo que haces, en el sitio en el que estas, se van a dar dos circunstancias, que no se dan cuando la motivación viene desde fuera:

   o Una, te partes el pecho por el logro de los objetivos. La cantera sabe que puede tener una proyección hacia arriba y los que están en el primer equipo su motivación sigue siendo el equipo, los logros, el dejar escrita una gesta de difícil superación. La prueba la tenemos este año. Después de un mundial, la plantilla contaba prácticamente con todos sus titulares viniendo de un mundial, y muchos de ellos habiendo estado hasta el final. Era previsible un descenso del rendimiento y un bajar los brazos. No lo ha habido. Al contrario, este año van camino de superar el anterior. Eso solo ocurre cuando la motivación no está en la cartera de los billetes (en el exterior). Ocurre cuando la motivación surge desde dentro. Entiendes que estas en un sitio excepcional que te está permitiendo escribir una página excepcional y por lo tanto tú das más allá del 100%.

   o La huida, el abandono de la entidad. Es difícil que por una motivación externa (más dinero) abandones el equipo. Estas en un equipo que te da mucho, te permite ser tu mismo, aplicar todo el arte que llevas dentro y la habilidad de la que eres capaz. Te lo pensarás varias veces antes de dejar el equipo. El equipo que trata de ficharte a golpe de talonario ¿te va a dar pie al compromiso y al desarrollo personal? Si estás feliz y comprometido es para pensárselo.

2. Valores. Ha asentado y posiblemente ampliado los valores que antes mencionamos. Considero que para Guardiola esos valores son su leit motiv y quiere que lo sean para su equipo. Es más no le tiembla la mano. Expulsa a todo aquel que no comulga con la filosofía, la cultura y los valores del club. El ejemplo lo tenemos en las expulsiones de Samuel Eto,o y de Ibrahimovic. Incluso el primero había sido una pieza importante en la consecución del triplete de 2008-2009. Pero ambos tenían un cierto "apego" a ser considerados como algo diferente, algo excepcional. Eso no entra en los valores de este Barcelona. No hay nadie excepcional. Lo único que hay es un equipo. Además ha hecho del concepto de equipo lo que los libros sobre gestión de personas propugnan, que es un todo integral, sin resquebrajamientos. El todos para todos. Ese es un fundamento crucial en este equipo y eso se nota cuando juegan, los apoyos constantes que se prestan unos a otros.

3. No destacar a nadie por encima de los demás. Aquí está posiblemente la tercera pata en la gestión exitosa de Josep Guardiola. Trata de que todos en el equipo se sientan útiles, se sientan partícipes del éxito. Toda la plantilla es necesaria y los éxitos y fracasos son responsabilidad de todos. Nadie destaca por encima de los demás. Todos los jugadores son útiles y válidos cara al logro de los objetivos.

Al respecto de lo que digo, para ilustrar la importancia de esto, les recomiendo el visionado de la película "Los Chicos del Coro (Christophe Barratier: 2004) Hay una escena memorable, que ilustra muy bien lo que digo. El profesor está montando con los chicos el coro. Está probando las voces de todos. Hay uno que no tiene ninguna dote para el canto. ¿Lo expulsan? No el profesor le hace sentir útil, lo pone a la guardia custodia de la batuta.

Igualmente recomiendo el visionado del video que Guardiola puso a sus jugadores minutos antes de la final de la Liga de Campeones en Roma con el Manchester,en 2009
FC Barcelona Gladiator Pep Guardiola's motivatonal video Final Champions Rome 2009
http://www.youtube.com/watch?v=o8Dhj7KsEyQ&feature=fvw
Reforzaba totalmente el concepto de que son un equipo, y de que solo como equipo podían vencer. Hay escenas dedicadas a todos los jugadores, incluso a los que habían jugado pocos minutos a lo largo de la temporada. Se vuelve a recalcar de forma muy firme la idea de equipo, lo importante es el equipo.

Una vez se tiene convencida a la plantilla de la filosofía, cultura y valores y que por encima de todo está el equipo, no hay estrellas que brillen más que otras, aún cuando el equipo interiormente y externamente, pero porque lo desea, agradece públicamente a algunos jugadores "sus habilidades" o "dedicación, esfuerzo y compromiso" véase los casos de Lionel Messi o Carles Puyol. Recalcamos estos como muy importante. El equipo es lo importante, su funcionamiento de una manera integrada e interdependiente, si bien, los miembros del equipo, por voluntad propia, no por imposición de nadie, reconocen que hay algunas piezas más claves que otras. Esto es también fruto del trabajo con valores. Pues bien una vez se tiene esto, el resto es más fácil, aún cuando parezca mentira. Se trata de inculcar un objetivo claro y establecer un patrón de juego que los jugadores interiorizan y realizan como autómatas. Esto último para el Barcelona es relativamente sencillo. Muchos se han criado juntos, desde los 14 o 15 años. Llevan 5 o 6 años jugando de la misma manera. No les hace falta ni siquiera mirar para ver si esta su compañero en la ubicación de juego para recibir el pase. Claro que esta, lleva años estando ahí.

En cuanto al objetivo, un club deportivo, de equipo (futbol o baloncesto) lo tiene más fácil que en las empresas. Solo hay un objetivo que es ganar y el equipo es constantemente entrenado para, actuando armónicamente como equipo, lograr ese objetivo. Esto no ocurre en las empresas. Normalmente por las siguientes razones:

- En las empresas hay más de un objetivo. Aparecen tal vez demasiados. Y no todos ellos son coherentes, a veces son contradictorios. Pe queremos vender más, pero también ponemos el objetivo de reducir gastos. Aquí en dónde surge una primera dificultad entre cómo se consigue el logro en un equipo deportivo o en un empresa. Sin que por ello un equipo deportivo no sea una empresa. Lo es, pero con un solo objetivo: ganar al contrario.

- En las empresas no hay verdaderos equipos. Hay muchos intereses creados. Personas que aportan mucho y otras que no aportan nada, pero eso si cobran, y en ocasiones más que aquellas que aportan. Hay muy pocas personas con compromisos y motivación interna. Están muy pendientes de la motivación externa. Y esta no siempre llega o cuando llega no es la esperada.

- En las empresas no abundan los directivos como Josep Guardiola. Hay más mediocridad y mucha menos capacidad para infundir filosofía, cultura y valores. En la empresa no se suele arriesgar al nombrar a un directivo. Se le nombra por su pasado "técnico" y no se tiene en cuenta si tiene cualidades para dirigir personas. Guardiola cuando es nombrado primer entrenador, el club corre un riesgo. Su pedigrí no estaba escrito. Su único mérito era haber entrenado al Barcelona "B" y ser una persona de la casa.

En resumen un club deportivo antes que nada tiene que ser eso, deportivo, y por lo tanto se le deben exigir resultados en el plano deportivo. Un club deportivo no es una empresa de salchichas. Existe para vencer al contrario. La filosofía, la cultura y los valores son importantes. Apoyados en ellos las decisiones y los actos tienen coherencia. Josep Guardiola aprendió eso de muy niño y lo ha puesto totalmente en práctica al hacerse responsable de la primera plantilla.

Tiene futuro este estilo. Al parecer, por lo que se observa por la cantera, podríamos decir que sí. Que hay club con solidez para rato. Lo cierto es que el nuevo estilo aportado desde 1988 fue decisivo para sacudirse los complejos y crear una organización sólida, que ha sido capaz de dar continuidad en lo deportivo. Vemos el futuro bastante asegurado, en tanto en cuanto se siga sembrando sobre las virtudes que actualmente cultiva el FC Barcelona, su filosofía, cultura y valores que riegan una cantera a edad muy temprana. Y esa cantera es la base para el futuro.

Por último destacar que esta estructura de filosofía, valores y cantera, puede verse truncada en el momento en el que el entrenador actual, Josep Guardiola, deje su puesto. ¿Quién puede venir? ¿Qué ideas traerá? ¿Qué estilo? Pero en fin, ese papel de búsqueda del futuro sustituto corresponde al que entonces sea Presidente. A su acierto en la elección.

Fernando Giner Alcalá de Henares, España, 17 Mayo 2011

12. España campeona del mundo en base al modelo cantera (por Francisco Javier Sánchez Pardo http://es.linkedin.com/in/franciscojaviersanchezpardo)

BIOGRAFÍA

Javier Sánchez Pardo, de 48 años es licenciado en Ingenieria superior informática (Universidad Autónoma de Barcelona) y M.B.A. ESADE .

Javier tiene amplia experiencia (+ 20 años) como director de sistemas y organización en entornos globales y multinacionales pertenecientes a sectores variados y dinámicos como son el Agro Industrial, Venta Directa, Retail, Gases Industriales en empresas lideres como son Cargill, Amway, ReckittBenckiser , Praxair.

En palabras de Javier "La fuente más importante de satisfacción y aprendizaje ha sido y es la posibilidad de trabajar en entornos diversos tanto en el sentido profesional como personal. La profesión nos ha llevado a múltiples traslados dentro y fuera de nuestro país lo cual ha supuesto el mejor M.B.A. para mi y los mios".

Javier es un gran culé que ejerce como tal allá donde vaya

12.1 Del fracaso y excusas ...Al ...éxito sin dudas y con valores

¿Qué cambió ? De la furia al juego solidario de toque. De la ley Bosman al futbol de cantera. De la falta de compromiso al sentido de propósito común. Del no podemos al podemos.

El entrenador argentino Ángel Cappa lo explica: "La furia es un invento del Franquismo. España ganó la Copa de Europa de 1964 con un equipo de jugadores tocadores. Muy parecido al concepto actual: Lapetra, Luis Suárez, Del Sol, Pereda, Amancio... Lo que es falso es la furia. No existió".

¿Puede ser que un estilo de juego influencie la conciencia nacional? Por extraño que parezca no hay más que ver el empeño que han puesto durante la historia en intentar identificar el juego español con la furia. Una furia que emana de la fuente del ser español, un sentimiento que prácticamente da poderes sobrenaturales a los jugadores para enfrentarse a cualquiera.

Hoy ese concepto de "furia española" sigue vivo y es sacado a relucir por los periodistas cuando las cosas van mal, con ese cariz patriótico que perdura, y más en un país que debido a su historia no tiene símbolos nacionales a los que agarrarse acríticamente para tapar sus miserias. ¡Qué diría Belauste si viese la que lió con su remate!

El ''boom'' del Barça de las seis copas y el surgimiento continuo de jóvenes promesas de la cantera azulgrana han abierto los ojos de muchos equipos, españoles y no españoles. Muchos son los que han visto en este modelo el camino la solución tanto a los problemas económicos como de identificación publico – actores / jugadores / equipos. Los triunfos de la selección en la Eurocopa y el Mundial han hecho olvidar aun más este eterno debate que siempre había sobrevolado sobre los debates relacionados con nuestros jugadores.

Siempre ha parecido que un extranjero que no ha empatado con nadie vale más que un joven canterano español, y que por un ''españolito'' no se pueden pagar grandes cantidades al contrario que por un extranjero, por los cuales se han pagado cifras desorbitadas y que luego no esas cifras estratosféricas no se han visto en el campo.
Guardiola se refirió en su presentación como primer entrenador del Barça a los siguientes valores :

Esfuerzo
Compromiso
Solidaridad

A la vista de los resultados obtenidos (9 de 12 titulos posibles) está claro que el talento de sus jugadores combinado con estos valores son un modelo a estudiar. El talento se ha puesto al servicio del bien común. Y si a esto se le une compromiso los resultados ahí están.

En mi humilde opinión la ley Bosman y el compromiso son conceptos difícilmente conciliables . Además está la dificultad en establecer un vinculo afectivo entre todos los actores de este espectáculo : Jugadores, entrenadores, público, periodistas. A un equipo modelo ONU es complicadísimo inyectarles valores como el compromiso, solidaridad y esfuerzo. Pero lo que sí es seguro en un modelo ONU es la lejanía y falta de vinculo con los otros actores principales de este espectáculo : El público. Por mucho que gane un equipo no hay nada comparable a la proximidad y conexión que se establece con los que son de la casa. Nuestra selección actual si por algo se caracteriza es por tener personas normales y cercanos : Iker Casillas, Andrés Iniesta, Xavi, Cazorla, Pedro, Mata,Silva, Villa..dan la impresión de ser gente como nosotros. Como decía Guardiola en relación a Iniesta, ni van tatuados, ni llevan peinados raros, casi todos bajitos, más bien esmirriados,.. No sé, tipos sencillos, cercanos , en definitiva normales a pesar de ser super "Stara". En todo esto la labor formativa / Cantera seguro que algo ha tenido que ver.

Guardiola supo verlo y buscó vincular a todos los actores mediante lo que algunos llaman ADN Barça combinados con otros como el esfuerzo y solidaridad (futbol de toque : recibir, pasar, desmarcarse,..). El ADN Barça empieza por él mismo, continua con una buena base de jugadores de la cantera , un juego en línea con el gusto del público y coherente con lo que estos chicos han aprendido durante años en la Masia.
Luis Aragones, a nivel selección, se cansó de los egoístas y de la tan manida furia. Apostó por nuestro ADN (toque mejor que fuerza) y a ello le añadió el "creemos". Vicente del Bosque continuó e incluso mejoró el su modelo.

12.2 La cantera es felicidad lo cual es un rasgo de liderazgo y éxito

Si repasamos la composición de la selección campeona del mundo, encontramos una muy buena representación de las canteras más prestigiosas de España : Lezama, La Masia, Mareo, Madrid, Villareal, Sevilla, Canarias. Muchos de sus componentes han pasado una buena parte de su infancia en alguna de estas canteras. El sumun de la felicidad para alguien que crece en una cantera es llegar al primer equipo . Y si son varios a la vez y estos adquieren el protagonismo pues…Pep supo verlo y se deshizo de los acomodados de fuera (Dinho, Deco,..) para darle los galones a los de casa (Messí inclusive). Los canteranos son los protagonistas y no los extranjeros. Ahora de da la circunstancia de que los jugadores no canteranos son la clase media del Barça y no al revés. Ahora se da la circunstancia de que jugadores tipo Iker, Xavi, Xabi, Puyol, Villa, Cazorla, Capdevila, son los que llevan la manija de la roja y de sus equipos, y no los super figuras individualistas de fuera. De nuevo, si repasamos muchos de estos han pasado un puñado de años en una de las canteras antes mencionadas y además han podido jugar y ser protagonistas en los equipos de sus amores.

¿Cómo se va a comparar lo que siente un Iker y/o Arbeloa por el Real Madrid con lo que sienta CR7?

¿Cómo se va a comparar lo que sientan un Xavi, Puyol, Piqué, Messí, Pedro, Iniesta Busquets, Thiago, Fontás,…por el Barça con otros como Dinho, Deco, Ibra, …? Y el Athletic con los Llorente, Martinez, Toquero ? y ojo con el Español y Villarreal que van a ser las futuras canteras de la selección Española.

¿Qué hay detrás de una cantera? ¿Por qué es relevante?

Veamos…Si acudimos al diccionario y revisamos el concepto cantera vemos que se refiere a dos cosas :

- Lugar de donde se extrae piedra. Picar piedra requiere Esfuerzo. Sin lugar a duda pasar unos años en una cantera curte.

- Lugar donde se forman y de donde salen personas bien preparadas para desarrollar una determinada actividad. El Compromiso y la solidaridad son valores que son más fáciles de interiorizar si uno los "mama" en las etapas formativas. Cuando uno ve a los jugadores del Athletic no se puede dudar sobre su compromiso y solidaridad. Algo parecido ocurre con el Barça y la selección actual.

La cantera ¿ es la única explicación a la consecución del Europeo y mundial ?
No, seguramente no . Hay otros factores como son

- Económicos . La España actual no es la de los principios del siglo pasado cuando se la vinculó con "La Furia" . Nuestro PIB actual no tiene nada que ver con el de principios del siglo pasado cuando se acuñó el término Furia.

- Políticos. Con la llegada de la democracia el futbol deja de servir para tapar la miserias. Y aunque a algunos periodistas aún les queda el deje de apelar al patriotismo cuando las cosas se tuercen, la selección está en linea con los valores y espíritu de la democracia .

- Sociales . A unos les gusta el futbol y a otros no sin embargo la composición y talante de la selección Española hacen que hasta los más "agnosticos" en relación al football y la roja le tengan una gran simpatía.

Debo confesar que yo era de los que huía y detestaba la selección modelo Furia. No me hacía ninguna gracia todo lo que representaba y lo que proyectaba sobre nosotros al mundo mundial. Creo que nos empobrecía y nos mostraba mundo como un país tipo república bananera, cainíta, llorón y perdedor. El mejor resumen de lo que representábamos fue la imagen de Luis Enrique después del codazo en el mundial de Estados Unidos o nuestras protestas de Hierro y otros por el arbitraje en el de Corea / Japón. Esto mismo es lo que transmite el actual Real Madrid florentinista y así no le va muy bien. La selección de hoy es coherente con lo que somos: Diversidad en lo social, económico y político. Así es España y será por eso que esta Roja ,y no la de la furia, despierta tantas simpatías reflejadas en los increíbles festejos post-mundial . La diversidad y los valores de sus componentes (técnicos y jugadores) nos han llevado a lo más alto.

Humildad y Sencillez
Esfuerzo
Solidaridad
Compromiso

son valores que tienen esta selección y en los que muchos formadores de canteras han puestos lo mejor de si mismos y muchos años para transmitirlos. La cantera como los buenos potajes se cuecen a fuego lento y no con soluciones cortoplacistas a base de furia . El futbol de cantera y el desarrollo de este país en la época democrática han llevado a España a ser campeona del mundo.

Sirva esto de homenaje a personajes anónimos tip : Oriol Tort, Laureano Ruiz, Iñaki Saez, Santiesteban, Molowny, ...¡Por ellos también somos campeones del mundo ¡

Francisco Javier Sánchez Pardo, Madrid, España, 14 Mayo 2011

13. R:Riesgos del actual modelo "galáctico" (por Benjamín Clari http://es.linkedin.com/in/bencla)

13.1 Origen del termino galáctico

El término «galáctico» fue utilizado por primera vez por el periódico deportivo As y después popularizado por los otros medios.

Para explicar el significado de la palabra, y según sus propias declaraciones, , el Sr. Alfredo Relaño, Director del periódico As, dijo:

"El otro día me preguntaba alguien en una entrevista cuándo se puede decir que un jugador es galáctico. Me lo preguntaba en base a que fue este periódico quien lanzó en su día el término. Le dije, un poco improvisadamente, que galácticos son los jugadores que frecuentan los podios del Balón de Oro y el FIFA World Player. Debería haber añadido otra condición: que los fiche Florentino para el Madrid, ya que fue en este club, y bajo su mano, cuando el término se acuñó, se justificó, alcanzó primero esplendor y luego críticas."

Ya tenemos aclarado el concepto: los jugadores galácticos no provienen de ninguna galaxia, sino que son jugadores de alto nivel, habitualmente extranjeros, que se crían y se forman como jugadores en otros clubes (normalmente fuera de España), donde el Sr. Florentino Pérez, pagando un precio desorbitado la mayoría de las veces por no decir siempre, les ficha para que jueguen en el Real Madrid. El matiz es importante porque un jugador como Roberto Carlos tardó en ser considerado como "galáctico" debido a que ya estaba en el club antes de que llegara el Sr. Florentino Pérez. Y lo mismo pasa Raúl e Iker Casillas: a ellos no se les aplicaba la condición de "galácticos" porque procedían de la cantera…

La condición sine-qua-non para ser jugador "galáctico" por lo tanto parece ser haber sido fichado por el Sr. Florentino Pérez ya que si solamente se aplicará la condición de frecuentar los podios de la FIFA, el club "galáctico" en España tendría que ser el F.C. Barcelona que a lo largo de la historia ha tenido más nombrados – y premiados – que el Real Madrid.

El Sr. Alfredo Relaño se olvidó en aquél momento de otras dos características importantes de los jugadores galácticos: (aunque esto ha cambiado últimamente) tienen edad ya avanzada para la práctica del fútbol (Figo, Zidane, Ronaldo, Beckham) y un coste astronómico (todos los anteriores en el momento en el que fueron fichados y los últimos, Benzema y Ronaldo).

Y yo añadiría otra: algunos suelen durar en el Club lo que duran las estrellas fugaces en el firmamento…

13.2 ¿Por qué se implantó el modelo "galáctico" en el Real Madrid?

El origen de esa política está en la necesidad/urgencia de conseguir resultados rápidos tanto deportivos como económicos. Por una parte cuando llegó al Real Madrid, el Sr. Florentino Pérez que ya había perdido una las elecciones anteriores necesitaba dar un golpe de efecto: bajo la presidencia de su antecesor el Sr. Lorenzo Sanz, el equipo acababa de ganar la octava Copa de Europa y la forma de ganar las elecciones gracias al voto por correo dejó bastante mal sabor de boca entre muchos aficionados. Aplicó entonces la táctica de los Emperadores Romanos: *"Panem et circenses"*. Para ello, firmó con el Sr. José Veiga, agente de Figo (y no con el jugador) un contrato que garantizaba al jugador el cobro de 3 millones de € independientemente del resultado de las elecciones. Si no ganaba el Sr. Florentino Pérez, Figo se quedaba con el dinero acordado. Pero si ganaba el Sr. Florentino Pérez, Figo tenía que vestir la camiseta del Club. De lo contrario, el jugador tenía que pagar 30 millones de indemnización al Club.

Figo, querido en Barcelona, ciudad que le había acogido con los brazos abiertos y de donde no quería marcharse, no tuvo más remedio que empezar la temporada 2000-2001 vestido de blanco.

La jugada era perfecta para el Presidente del real Madrid: traía al Real Madrid a uno de los mejores jugadores del momento quitándoselo al enemigo: miel sobre hojuelas.

Además ese año, el Real Madrid, bajo la batuta de nuestro querido D. Vicente del Bosque, se proclamó Campeón de Liga. La fórmula funcionaba: era necesario traer a una estrella al año. Y así lo hizo.

A Figo (2000-2001) le siguieron, y por orden: Zinedine Zidane que fue el origen de la denominación "galáctico" (2001-2002), Ronaldo (2002-2003), David Beckham (2003-2004), Michael Owen (2004-2005) y finalmente Robinho (2005-2006). Y si añadimos los de la última etapa (desde junio 2009), Kaká, Cristiano Ronaldo y Benzemá (2009.2010) tendremos la lista completa. Coste financiero de la operación (sin contar los flecos y créanme, hay unos cuantos): 449 millones de €

Gracias a ese modelo "galáctico", se consiguieron títulos: 8 en total (1 Champion's League, 1 Copa Intercontinental y 1 Supercopa de Europa, todas en 2002; 2 Campeonatos de Liga (2000/01 y 2001/02), 2 Supercopas de España (2002, 2003) y una Copa del Rey (2011).

Si solo se tiene en cuenta el coste de los fichajes, cada título le cuesta al Real Madrid aproximadamente unos 56 millones de €.

Pero duró poco porque como es bien sabido, todos los fenómenos astrales aparecen en el horizonte, suben hasta al firmamento y luego desaparecen. El fenómeno galáctico no se libra de ello: vienen los jugadores ya con una edad avanzada, juegan a su máximo nivel del momento (que ya no es el de los años anteriores) durante un par de años y se van. Las fechas de los títulos hablan por sí solas: los más importantes se consiguieron en 2002-2003, cuando Zinedine Zidane seguía en plenitud física. Después, la liga del 2003 y poco más.

Si a esto añadimos que el Club sin razón que lo justificara, despidió a D. Vicente Del Bosque que en sus cuatro años como entrenador, le dio siete títulos y no menores: 2 Champion's League en tres años (2000 y 2002); 2 Ligas (2001 y 2003); 1 Supercopa de España (2001); 1 Supercopa de Europa (2002); 1 Copa Intercontinental (2002), entenderemos el porqué de la corta duración de los éxitos: no basta con traer al Club jugadores estrella. También hay que saber integrarlos el Club y a su forma de juego.

Eso, D. Vicente del Bosque lo sabía hacer a la perfección: supo integrar perfectamente a las estrellas que llegaban al Club, vinieran de la galaxia que fuera, en el seno del equipo y a su estilo de juego. Pero se le despidió sin ningún motivo.

Los diez entrenadores que han pasado por el Club desde que él se fue en el 2003 tampoco parecen haberse adaptado muy bien al modelo porque ha sido necesario esperar hasta abril de este año 2011 para volver a ganar la Copa del Rey y llegar hasta las semifinales de la Champion's League con un juego desconocido hasta ahora en el Real Madrid, que ha indignado a unos, irritado a otros y satisfecho solamente a quienes aceptan el "vale todo" con tal de conseguir un título.

Este planteamiento es difícil de justificar porque, si bien se consiguen buenos resultados a nivel financiero gracias a la llegada de los jugadores "galácticos" (por ejemplo, las ventas espectaculares que se generaron con la llegada a Madrid de David Beckham fueron la excusa que utilizó el Club para conseguir que se le duplicara el importe del contrato con Adidas) siempre son efectos puntuales y no se consiguen los deseados a nivel deportivo que son los que el aficionado/socio realmente anhela. Máxime teniendo en cuenta que enfrente, uno tiene a su máximo rival que, con un planteamiento diametralmente opuesto, sigue ganando títulos año tras año.

En ese sentido, el F.C. Barcelona ha establecido un sistema de juego que le es propio e inmediatamente reconocible que le ha granjeado el reconocimiento, la admiración y el respeto de todos, basándose en los jugadores de la cantera...

No es ni más ni menos que lo que hacía el Real Madrid no hace tanto tiempo.

Tampoco se puede justificar con los resultados financieros, porque si bien el Real Madrid con unos ingresos de 438,6 millones de € en 2009/2010, sigue por sexto año consecutivo liderando en ranking mundial de los clubes más ricos del mundo (según Deloitte), el F.C. Barcelona le viene pisando los talones. La diferencia entre los ingresos de los dos clubes está alrededor de los 40 millones de € a favor del Real Madrid, debido principalmente a los ingresos por taquilla y patrocinio/merchandising más altos del Real Madrid. Esta diferencia se ve reducida por los ingresos de T.V más altos del Barça, pero es probable que esto cambie ya en la próxima temporada, gracias, entre otras cosas, al nuevo acuerdo de patrocinio firmado entre el Barça y el Estado de Qatar que le va a permitir sin ninguna duda rebasar la barrera de los 400 millones y superar al Real Madrid, salvo que este sea capaz de encontrar otro patrocinio nuevo porque la aportación de los que tiene está llegando a su límite.

13.3 El modelo "galáctico" es incompatible con la cantera

Si hablo tanto del Real Madrid, es primero porque está al origen del modelo "galáctico" y luego porque lo conozco muy bien. Pero no penséis en ningún momento que es el único. Otros han seguido ese mismo modelo y han aprendido que:

"No se consigue formar a un gran equipo solo a base de talonario. Ni trayendo a grandes todas las estrellas del firmamento, ni con una política cortoplacista como la que conlleva el modelo "galáctico". Salvo, claro está que uno no tenga la intención de permanecer mucho tiempo en ese Club...

Si tienen dudas, pregúntenle al Sr. Roman Abramovich que no para de inyectar dinero (de su bolsillo eso sí) al Chelsea F.C sin conseguir los resultados que a él le gustaría como por ejemplo jugar una final de la Champion's League; o al Milán del Sr. Berlusconi sin ir más lejos que no huele un podio europeo desde ni se sabe. Porque todos los equipos que aplican ese método siguen una política a muy corto plazo y solo consiguen unos resultados efímeros. Resultados brillantes en el momento en que se producen, cuando se producen, pero efímeros. Porque, por mucho que digan, no hay ninguna planificación seria detrás.

Y eso no es lo que esperan las aficiones.

Todos estos clubes siguen empeñados en negar la evidencia porque todos saben que todos los grandes equipos de la Historia del fútbol han sido equipos formados por jóvenes que llevaban tiempo jugando juntos y que se conocían a las mil maravillas. Estamos hablando del Ajax de Amsterdam en los 70, del Real Madrid de la quinta del Buitre, del Milán de Capello y del Barça actual.

(También podríamos añadir al Arsenal de Arsène Wenger, club que, a pesar de no conseguir grandes títulos, siempre llega hasta las últimas rondas de las competiciones europeas y cuida mucho de su cantera produciendo grandes jugadores año tras año).

En todos los casos, se trata de unos equipos compuestos por jugadores de la cantera, impregnados de la filosofía del club desde niños, que aplican a rajatabla el sistema de juego del club en el que se han criado, arropados por jugadores más veteranos – sean del club o vengan de fuera - que les dan la tranquilidad y confianza necesarias para que se vayan desarrollando como jugadores, siempre siguiendo el sistema de juego del club.

Porque ahí está el principal riesgo del modelo "galáctico": la desaparición a medio plazo de las canteras de los clubes que lo practiquen.

En efecto, ¿qué padre en su sano juicio va a querer que su hijo ingrese en la escuela de un club si sabe que cuando llegue lo hora de jugar en el primer equipo, su hijo, por muy bueno que sea no tendrá prácticamente ninguna posibilidad de hacerlo?

Porque no nos equivoquemos: cada vez que llega un supuesto "galáctico" a alguno de esos clubes, es una puerta más que se cierra a nuestros jóvenes canteranos del club, obligándoles a emigrar a otros clubes del país o al extranjero. Es muy larga la lista de los canteranos que por A o por B han tenido que dejar a "su" Real Madrid en estos últimos años. Y lo más triste es que se van a otros clubes y triunfan. Y cuando han triunfado, su club de origen, intenta repescarlos. Lamentable.

El hándicap del modelo "no galáctico" que implica cuidar de la cantera y arropar a las jóvenes promesas hasta que se incorporan al primer equipo es que requiere tener paciencia.

Y ese es un ingrediente del que parecen carecer todos los clubes como el Real Madrid, el Chelsea, el Milán y un largo etc., que prefieren el modelo "galáctico" y sus resultados rápidos a la planificación, el trabajo, la perseverancia. Estos clubes intentan sustituir todo lo anterior con su dinero. Y empiezan a descuidar a su cantera porque piensan que con su dinero siempre podrán conseguir a jugadores mejores, y de forma más rápida, que los de la casa.

Pero se equivocan. Entre otras cosas porque el número de "galácticos", si nos atenemos a la definición de D. Alfredo Relaño va disminuyendo año tras año (de entrada porque desde este año se han unificado los dos premios) y los que hay alcanzan ya unos precios prohibitivos lo que, tarde o temprano, obligará a intervenir a la UEFA para limitar los abusos y evitar que solo lo clubes con los mayores recursos puedan fichar a los mejores jugadores; si no, al tiempo.

Esto hace que los clubes se vayan a tener que conformar con "sub-galácticos" que en la mayoría de los casos podrían ser sustituidos – y mejorados - sin ningún problema por jugadores de la casa quienes, además, siguen sintiendo los colores del club donde se han formado.

Sin embargo siguen quedando clubes que hacen todo lo contrario: apuestan por sus canteras, tienen la paciencia necesaria, ayudan al desarrollo tanto profesional como personal de los jóvenes que tienen en sus escuelas. Les van incorporando poco a poco al primer equipo del club lo que hace que estos jóvenes jugadores saben que si bien no se les puede garantizar una plaza en el primer equipo, sí tienen posibilidades de jugar en él si son capaces de alcanzar el nivel deseado.

El F.C. Barcelona es uno de ellos. ¿Será por eso que está donde está?

Benjamín Clarí, Valencia, España, 17 Mayo 2011

14. S: Sencillez como la de Del Bosque es un rasgo de liderazgo (por Juan Ramón Garín http://es.linkedin.com/in/juanramongarin)

BIOGRAFÍA

Juan Ramón Garín es un ingeniero español que ha desarrollado su carrera en diferentes empresas internacionales. Es un experto en Sistemas de Producción, Mejora Continua, Lean Manufacturing y Optimización de Procesos. Durante los últimos 10 años ha demostrado gran capacidad de liderazgo, desarrollando e implementando organizaciones y equipos de alto rendimiento. Juan Ramón ha mejorado los resultados e incrementado el Retorno de Inversión (ROI) de todos los proyectos en los que ha estado involucrado, con un alto nivel de desempeño en sus diferentes etapas profesionales. En 2007 recibió el premio de "Best Plant Performance" en su antigua empresa, Hydro Aluminium.

Garín considera que la clave del éxito para el desarrollo de organizaciones de alto rendimiento, es la involucración de todo el personal, la capacidad de fijar retos y alentar a toda la organización para alcanzarlos, con el fin de obtener lo mejor de cada individuo. La integridad, la construcción de confianza, el reconocimiento y la atmósfera del equipo son sus señas de identidad. Como alguien dijo "ganar sus corazones y sus mentes". Con una base sólida en mejora de procesos, cree en la importancia de desarrollar una sólida cultura de EHS (Medio Ambiente, Salud y Seguridad) y la responsabilidad social corporativa.

Juan Ramón está comprometido con el principio de liderazgo de que la actitud lo es todo. Como gerente, está convencido de la necesidad de ser enérgico, actuar como "activador de la organización", seleccionar las personas adecuadas, darles apoyo y recursos, predicando con el ejemplo y dando el nivel adecuado de supervisión, como pasos para garantizar el éxito. "Trato de estar rodeado de gente mejor que yo", o "Hacer que la gente haga" son algunas de sus citas favoritas. Juan Ramón cree que durante los próximos años habrá muchas oportunidades para las empresas que sean capaces de sobrevivir y prepararse de forma adecuada para los años siguientes. Particularmente en España, donde esto conducirá a una mejora general de la productividad y la creación de nuevos productos de valor añadido y servicios, gracias a una nueva generación de profesionales con talento.

14.1 El grupo es la clave para tener un buen equipo de máximo rendimiento

¿Qué hace que un grupo pase a ser un verdadero equipo?¿Cuál es el catalizador para qué profesionales de reconocido talento sean capaces de rendir al máximo? ¿Es posible alinear los intereses del equipo y sus intereses individuales? Recorriendo la trayectoria profesional de don Vicente del Bosque, podremos hallar una respuesta a todas estas preguntas.

Todos sabemos que el mundo de las grandes organizaciones multinacionales es un mundo de egos. El mundo del deporte profesional, con su nivel de competitividad llevado hasta el extremo, junto con actividades de representación y publicitarias, son un caldo de cultivo ideal para el ego. En este caso, la figura que puede aplacar todos esos egos y hacerlos trabajar para un objetivo común es sin duda la del entrenador, que debe ser identificado claramente como líder indiscutible .

Vicente del Bosque es y será una persona clave dentro de la historia del fútbol español, pese a que aún no se le valora en toda su dimensión. No olvidemos que estamos hablando del entrenador mas laureado en activo (reconocido como Mejor seleccionador nacional del mundo por la IFFHS), con un palmarés envidiable (una Copa Mundial de Fútbol, dos Ligas de Campeones de la UEFA, dos ligas de España, una Copa Intercontinental, una Supercopa de Europa y una Supercopa de España). A pesar de ello, su figura ha estado rodeada de una polémica artificiosa, creada por los medios de comunicación, que él nunca ha buscado ni fomentado. Indudablemente, todos podemos estar mas o menos de acuerdo con el estilo de liderazgo de Vicente del Bosque. Sin embargo, es muy claro que ha sido capaz de hacer llegar resultados largamente esperados cuando otros han fracasado. Existen entrenadores mas carismáticos, mas elegantes, con mas facilidad de palabra, y sin embargo, su liderazgo fue capaz de llevar a buen término el proyecto. ¿A que se debe todo ello?

14.2 Es tarea de líder lograr que cada individuo desarrolle su potencial

Tradicionalmente, la selección española se ha caracterizado por grandes jugadores, técnicos y de carácter. A pesar de ello, nunca se lograban los resultados esperados. El desempeño del equipo estaba por debajo de su potencial. Solamente a partir de la llegada de Luis Aragonés, y posteriormente de Vicente del Bosque, se empezó a obtener dichos resultados. ¿Ha habido alguna receta milagrosa? Es cierto que en los últimos años se ha incorporado a la selección una generación de futbolistas de exquisito talento, pero no mucho mas talento individual que los miembros de las selecciones nacionales que los precedieron. Por lo tanto, el talento individual por si solo no basta. ¿Que es lo que aporta el líder en este caso? Solamente hay una respuesta: Hacer que cada uno haga lo que sabe hacer mejor, que desarrolle todo su potencial y lo ponga al servicio del equipo. Trataremos de explicar como se produce este proceso y que es necesario hacer para lograrlo.

Cuando pensamos en don Vicente del Bosque, nos surge inmediatamente una palabra. Humildad. Con mayúsculas. Sencillez y modestia serían adjetivos aplicables a su persona y a su trabajo. Sin embargo, se trata de cualidades devaluadas en la actualidad y en el entorno deportivo. Los medios nos han presentado al líder arrollador, lleno de soberbia, competitivo y carente de respeto por los adversarios.

Sin embargo, esto es una debilidad mas que una virtud. Parafraseando a Sun Tzu, "Utiliza la humildad para que se muestren arrogantes". La humildad es un arma poderosa frente a la arrogancia. La arrogancia siempre te hace mas débil, puesto que te hará menospreciar a tu adversario. Y en un entorno competitivo de primer nivel, menospreciar al adversario suele tener consecuencias fatales.

El modelo de liderazgo basado en el líder carismático está llegando a su final. Los triunfos deportivos de Rafa Nadal, la selección española de baloncesto y otros ejemplos en el deporte español se han fundamentado en el trabajo duro y en la humildad. Pero, ¿cuales son las ventajas de ejercer el liderazgo desde la humildad? Es posible enumerar las siguientes ventajas:

• El líder "humilde" no percibe el talento individual como una amenaza. No quiere destacar por encima del resto, ya que no lo necesita. Su trabajo no consiste en eso. El líder utiliza el talento de cada individuo para maximizarlo y permitir que se desarrolle.

• Por tanto, el líder se rodea de los mejores y crea las condiciones para que todos ellos puedan desarrollar su potencial al máximo, poniéndolo al servicio del conjunto.

• Si estamos de acuerdo en que los egos de los deportistas de máximo nivel suelen ser desmesurados, parece una buena idea no contraponer egos. El líder por ello deberá ser humilde, de manera que pueda dedicar todas sus energías hacia la consecución del objetivo.

• La arrogancia, entendida como ausencia de humildad, hace perder energías en pequeñas batallas que no generan resultados tangibles. La victoria de uno a costa de los demás siempre tiene un elevado coste para el grupo.

• La arrogancia es un enemigo a batir, pues nos hace percibir al contrario más débil de lo que realmente es, y a nosotros mismos mas fuertes de lo que realmente somos. De nuevo parafraseando a Sun Tzu: "No conocer al otro y no conocerse a si mismo es derrota segura en toda batalla".

La actitud de don Vicente del Bosque se ha regido por todos estos principios. Y ha sido una receta hacia el éxito. La creación de una atmósfera de creatividad en la que los individuos pueden crecer y desarrollarse como profesionales es una herramienta muy poderosa. En una sociedad como la española, anquilosada en términos de dirección, cuyas estructuras de liderazgo están ancladas en el mas puro "ordeno y mando", el ejemplo de Vicente del Bosque supone un soplo de aire fresco. En un nuevo esquema de liderazgo, no es necesario ser el mas brillante en todas las áreas, puesto que todos sabemos que esto no es posible. En términos empresariales podríamos hablar de Richard Branson, propietario de Virgin Group, es uno de los ejemplos mas claros de este nuevo liderazgo. Branson es una persona que en su juventud no destacó demasiado, teniendo incluso problemas de dislexia. Sin embargo, ha sido capaz de rodearse de las personas adecuadas para construir una compañía cuyo buque insignia son la innovación y la búsqueda de nuevas oportunidades de negocio. Para ello ha sido preciso dar a los miembros de la compañía la capacidad de desarrollar, equivocarse, formular nuevas preguntas y dar con las respuestas. Esto es homologable al nuevo modelo de liderazgo propugnado, entre otros, por don Vicente del Bosque. Un liderazgo que se basa en dar a cada uno de los miembros del equipo la oportunidad de demostrar que es el mejor en su área.

Existen numerosos ejemplos de cómo un mal liderazgo puede acabar con un grupo lleno de talento. En un país como España, tan aficionado al liderazgo autocrático, con líderes que se imponen en vez de ser los motores del cambio, existe el riesgo de que las iniciativas y la creatividad queden en un segundo plano. Por otro lado, el liderazgo democrático participativo, basado en la humildad, en la que el líder es un "primus inter pares", se va imponiendo cada día mas como una necesidad. Sin embargo, un error muy frecuente es identificar este tipo de liderazgo con un liderazgo "débil". La fuerza del líder "humilde" es muy superior a la del líder "carismático", puesto que se trata de un liderazgo basado en una autoridad moral para ejercerlo, la capacidad de convicción y de involucrar a todos, mas que en la ascendencia sobre los demás y, llegado el caso, la intimación.

14.3 Muestras de liderazgo de Vicente del Bosque durante el Mundial

Uno de los días en los que Vicente del Bosque dio una gran muestra de ese liderazgo fue tras el partido de Suiza. En ese momento arreciaban las críticas y se ponía en duda todo el trabajo realizado. Se habían generado grandes expectativas y la decepción y el miedo a viejos fantasmas aparecía. Frente a declaraciones oportunistas, la serenidad de don Vicente del Bosque fue de nuevo ejemplar. En lugar de cargar contra los críticos, sus propios jugadores, o cualquier otro motivo mas o menos peregrino, el seleccionador español se limitó a realizar las siguientes consideraciones:

• "El deportista que pierde, que cae, tiene la obligación de buscar la victoria en el próximo partido y el próximo partido es el lunes y es Honduras".

• "No digo que nos vaya a rehabilitar de cara a la opinión pública, pero si de cara a nuestros intereses que todavía están intactos y con el ánimo de buscar la clasificación.

• "Estamos fastidiados por la derrota"

• "En todo momento lo tuvimos controlado, tiramos a gol 25 veces y llegamos otras tantas a gol. Ningún equipo en esta primera fase ha tirado 25 veces, pero evidentemente no terminamos todo lo que creamos".

• "Hemos venido jugando tiempo atrás de la misma forma y nos ha dado buen resultado, pero ayer no lo dio. No tenemos motivo para cambiar nuestro estilo".

• "No debemos de andar pegando bandazos en cada partido, buscando a ver si damos con la tecla de la solución para cada partido, creo que debemos ser estables".

Vicente del Bosque se mostró en todo momento tranquilo, transmitiendo serenidad a los miembros del equipo, así como a sus "accionistas", es decir, la afición española. Si analizamos cada una de las declaraciones encontramos varios mensajes.

✓Perseverancia, el que cae se debe levantar.
✓Visión: los intereses están intactos y podemos cumplir con el plan.
✓Tolerancia a la frustración: la derrota es dolorosa y como tal lo asumimos.
✓Análisis: problemas por la falta de efectividad.
✓Templanza: pese al mal resultado, no cambiaremos nuestra forma de juego.
✓Confianza: fe en el sistema y la filosofía de juego basado en el toque de balón.

Estos puntos podrían constituir perfectamente los "Valores" de una compañía. En momentos de crisis, los valores y el liderazgo engranan perfectamente y hacen que la organización funcione. Un momento de liderazgo auténtico. De nuevo descrito por Sun Tzu: "La autoridad es una cuestión de inteligencia, honradez, humanidad, valor y severidad.". Una cuestión de valores que permite hacer creíble un proyecto personal y colectivo. En definitiva, un plan, el talento individual para llevarlo a cabo y el liderazgo que permita que todo ello se desarrolle. El papel del líder como facilitador del cambio.

Vicente del Bosque ha sido capaz de generar un cambio auténtico, no quizá en la obtención de resultados, camino ya emprendido por su predecesor. Pero ha sido capaz de cambiar ese aire anacrónico que existía en el seno de la RFEF y en la propia figura del seleccionador, ese tradicional "aquí mando yo". También ha demostrado la capacidad de eliminar el fatalismo y la falta de confianza consustancial a la afición a y España en conjunto, devolviendo el protagonismo a los jugadores. Jugadores que han podido desarrollar su talento dando lo mejor de si mismos.

Esperemos que este modelo siga trayendo resultados, en un mundo tan cortoplacista como es el mundo del fútbol. En ese caso podremos seguir disfrutando y emocionándonos con el liderazgo tranquilo y humilde de don Vicente del Bosque. Espero sinceramente que su aportación tenga el reconocimiento merecido, algo muy difícil debido a la idiosincrasia Española. Pero quien sabe, estamos en una fascinante etapa de cambios, y quizá este es solamente el primero

Juan Ramón Garín, Madrid, España, 22 Mayo 2011

15. H: Hipótesis no son logros de liderazgo (por Unai Ezkurra http://uk.linkedin.com/in/unaiezkurra/en)

BIOGRAFÍA

Unai Mariezkurrena Perurena, más conocido en el mundo del fútbol como Unai Ezkurra en homenaje a su pueblo natal, salió de Ezkurra a los 19 años en busca de un sueño. A día de hoy, casi 10 años más tarde, se encuentra en tierras británicas trabajando duro para hacerlo realidad. En este tiempo, estudió teatro en la ciudad de Barcelona y se diplomó en Gestión Hotelera. Es fundador y director general de la pagina web www.futbolbritanico.com, dedicada al seguimiento de todo lo que acontece en el mundo fútbol de las islas británicas. Actualmente vive en Londres donde se encuentra sacando el carnet de entrenador de fútbol en The F.A. (Federación de Fútbol Inglesa). Optimista acérrimo, cree que la felicidad está en la sala de espera de la misma y que para que los sueños sean alcanzables deben ser lo suficientemente grandes como para no perderlos de vista. En su día a día sólo existen dos palabras: *"Keep going"*.

Hablar del mañana y vanagloriar tiempos dorados del pasado, y argumentar sobre ellos el futuro que se prevé tenga la entidad, es lo que se ha venido haciendo el Real Madrid en los últimos años. Partiendo de los éxitos que han quedado atrás, sin poner las bases en el presente, y construyendo el tejado de los logros antes de moldear y cimentar el resto de la vivienda, es la tarea que ha venido arrastrando el mejor club del siglo XX desde hace algún tiempo. No se han seguido los compases dignos de la trayectoria del club, y tampoco se ha fomentado el uso de la paciencia y el orden dentro del mismo. El peso y las ganas de poder remontar el vuelo, y el ansia por volver a colocar sobre los raíles a la locomotora descarrilada, pueden con lo que verdaderamente es importante a día de hoy: el presente.

El presente pasa por mantener la calma en los momentos duros, difíciles y complicados; por ir un paso por delante de tus adversarios y saber prever los contratiempos que se pueden ir encontrando en el camino; abrir el abanico de posibilidades y, sobre todo, contar con una buena gestión de riesgo por el bien del club, de sus socios, y de todo lo que les rodea. Es necesario saber actuar en los momentos complicados y, para ello, las suposiciones deben quedar a un lado, apartadas del sendero que se pretende llevar a cabo. Por eso, se antoja necesaria la necesidad de analizar, indagar y buscar las mejores soluciones a corto plazo. Optar por elegir un camino, después de haber parado a ver las diferentes posibilidades que existen. Así, temporada tras temporada, las presunciones han ido llenando todas y cada una de las frases que emanaban de la cúspide del club. "Devolver al Madrid al lugar al que se merece" es el fin, pero antes, para lograr de una manera eficaz y eficiente, es de obligado cumplimiento poseer los medios necesarios que pasan, como no, por contar una buena planificación, tanto deportiva como económica, basada en lo que el club necesita, en el momento presente, para poder alcanzar, nuevamente, la meta de la gloria. Los pasos deben ir encaminados hacia esa meta, y hoy, ahora, es el momento de comenzar a darlos.

15.1 Pérdida del liderazgo deportivo

Después de la caída deportiva que ha sufrido el club, y viendo el auge en el que se encuentra el Barça, las conjeturas han llenado la voz madridista. Y así, de esa manera, el conformismo resultadista se ha instalado en la grada del Bernabéu. El trabajo, el esfuerzo y el sacrificio de antaño parecen haber desaparecido y, en su lugar, un maltrecho discurso llega a los oídos de la afición. El cambio obligado al que se ha sometido al club sólo está lleno de propuestas, malas, regulares, o mejores, pero, al fin y al cabo eso, propuestas. Se trata de volver a caminar por los senderos de la gloria; de volver a reinar en el mundo del fútbol; de restaurar la imagen del mejor club de fútbol de la historia... Y todo eso se consigue con unos pasos firmes y sólidos, que ayuden a mantenerse erguido al club, algo que no ha sucedido desde la consecución de la última Copa de Europa, hace ya once años, o incluso, más recientemente, desde la salida de mejor mentor de la idiosincrasia y filosofía merengue en el último lustro, Vicente del Bosque. El último portador de los valores blancos. La última insignia poseedor del ADN y del gen ganador que caracteriza al club de Concha Espina.

Lo que todos los seguidores merengues quieren es que el Real Madrid vuelva a ser el líder absoluto en el planeta fútbol, no sólo en lo económico, puesto que ocupa según la lista elaborada por Deloitte con una facturación en 2009/2010 de 438,6 millones de euros, por encima de Barça y Manchester United, sino también en el aspecto deportivo, ya que en los últimos años se ha visto superado, y con creces, en su lucha por la conquista de títulos. Curiosamente, blaugranas e ingleses, a día de hoy, quedan encuadrados por delante de los madridistas en cuanto a trofeos y aspectos meramente deportivos se refiere ya que, desde la temporada 2007/2008, el equipo blanco sólo ha conquistado su última liga y la Copa del Rey levantada este año. Por su parte, los blaugranas han conquistado nueve trofeos, llegando a dos finales de la Champions League, incluida la de este curso, mientras que el Manchester United, en el mismo periodo, cuenta con nueve títulos, incluyendo también dos finales del máximo trofeo continental. ¿Qué es lo que sucede entonces? La respuesta es clara: la actual gestión económica es encomiable. No es para menos, al frente del club está uno de los mejores empresarios españoles de los últimos tiempos, pero en el plano deportivo, éste queda en un segundo plano. El constante flujo de cambios y la falta de organización para tomar decisiones, pues no se sabe si el que la toma es el Presidente, el Director Deportivo o el Director General y Adjunto a la Presidencia, son las consecuencias de este desastre. La desfragmentación existente para unificar criterios y para enfocar en una figura las resoluciones determinantes ofrece al exterior una gran desorganización dentro de las filas dirigentes del club. Una falta de coordinación absoluta para reunir todas las opiniones de la gente que manda, incluyendo la del entrenador, con el fin de remar todos en la misma dirección y hacer nuevamente, del Real Madrid, un equipo dominador en el mundo futbolístico porque, como ha quedado demostrado, la economía, y los euros, no garantizan la llegada de títulos a las vitrinas del club.

Aprender de los fallos debe servir para mejorar y, asumir la realidad actual en la que se encuentra el club, sumido en una gran sequía deportiva hasta este año, donde se consiguió levantar la Copa del Rey, es la panacea de una cura necesaria, de un cambio radical y de la reconstrucción duradera que se espera. Pues es de obligado cumplimiento que el retorno al camino de liderazgo no sea flor de un día. La masa social que mueve el color blanco del Real Madrid no se conforma, ni espera, saciar su sed y calmar su hambre con títulos puntuales. El triunfo debe llegar a lo grande, controlando todos los frentes abiertos en el planto deportivo y demostrando el motivo de la elección de la FIFA como el mejor club del siglo XX. Se antoja necesario un golpe en la mesa para demostrar al planeta fútbol que el retorno es posible, que se confirma como una realidad, y que el club lo tiene todo para conseguirlo. Los títulos son sólo el resultado del trabajo bien hecho. Un meta que no tardará en llegar si se sabe gestionar. Se trata del cómo, no del cuándo.

15.2 El peso del pasado

Las argumentaciones en las que se basan las actuales decisiones vienen dadas por las similitudes que se quieren asignar a un club deportivo y una empresa privada, donde la capacidad de reacción es vital para anteponerse a los competidores. En las entidades deportivas no debe ser así. Hay que mirar el presente y pensar en el momento en el que se encuentra el equipo, no adelantarse a los acontecimientos, y ser capaz de vivir el día a día que piden las competiciones. Los partidos no se ganan antes de jugarlos, al igual que los trofeos, de ahí que, en las últimas temporadas el Real Madrid haya tenido que ver cómo equipos con un menor disposición económica que la suya han sabido, con los pies en el suelo y la mente puesta en el presente, jugar de tú a tú al todopoderoso equipo blanco. Alcorcón o Real Unión son algunos de ellos, de los que, pensando únicamente en lo que tenían delante, han sabido vencer gracias al trabajo, esfuerzo, sacrificio y gran planificación de la eliminatoria. Algo que se ha venido echando de menos en los últimos años, donde las ansias y las ganas por retomar el sendero del pasado, la gloria de los triunfos, se han sobrepuesto al proyecto de liderazgo a realizar. Seguramente, en esto, haya influido el peso de la memoria. No es fácil mantener la calma y la paciencia ante la situación actual de sequía deportiva en forma de títulos por lo que, no resulta extraño que las ganas y la ambición por repetirlos superen a la tranquilidad, y los buenos proyectos que se deberían formar con pequeños pasos.

El palmarés es tan extenso, amplio y variado, 9 Copas de Europa, 31 Ligas y 18 Copas del Rey entre otras, que su peso, en forma de presión en el presente, resulta determinante en la toma de decisiones las cuales, deberían realizarse mirando al frente antes de hacerlo hacia arriba, siendo paciente y analista con las claves del éxito del pasado, ver los errores, aciertos y comenzar la escalada hacia el puesto que nunca se debió perder. Mirar hacia atrás, no es si no síntoma de añoranza, de rememorar que cualquier tiempo pasado siempre fue mejor, y es posible que sea así, pero un club del calibre del Real Madrid no puede dejarse cubrir por el manto del anhelo eterno, sino que debe centrarse en la realidad, en el presente. Al igual sucede con las promesas de gloria. Con los deseos, con la buena fe, de un futuro glorioso, igual o superior al que se he vivido a lo largo de los 109 años de historia de la entidad. Esas aspiraciones no son más que la manera de no ver la realidad en la que está sumida el club. Una realidad vacía, sin planificación deportiva y sin capacidad de reacción ante las adversidades, como se ha venido avistando de un tiempo a esta parte, aunque muchos hayan sido los intentos por intenta ocultarla o, simplemente, no contarla. La verdad sólo tiene un camino, y ese debe ser el punto de partida hacia la nueva escalada con rumbo la gloria. Un duro camino por recorrer pero, sin duda, con un dulce premio.

15.3 Sembrar para recoger

La nueva aventura en la que se debe embaucar el club no es otra que la de invertir, deportivamente hablando, en el crecimiento del equipo. Es necesario pensar en el día a día, en el presente más absoluto de la entidad, en la siembra que hay que llevar a cabo para que fructifique, pues no se puede recoger la cosecha antes de haber plantado las semillas. Es obvio, o al menos así lo parece, que hay que cambiar la actual gestión deportiva para volver a ver crecer los laureles que durante tanto tiempo colgaban de las gradas del Santiago Bernabéu. No se trata de reverdecerlos, sino de volverlos a crear. De fomentar un renacer; de volver a crecer; de partir de cero para, primero, llegar a los puntos que un día se abandonaron y, después, superar esas cotas. Con un palmarés tan vasto puede resultar una quimera, una odisea, pero esa es la realidad. Cada época es diferente, cada año es un sin igual y, por supuesto, en cada temporada hay que pensar sólo en eso, en ese año, sin mirar atrás, ni tampoco hacia delante. De nada sirve poner la mira y los objetivos al frente si no se acometen de la mejor manera las acciones en el presente. De nada sirven las buenas palabras si no se realiza una correcta gestión en el día a día. Para nada sirven las grandes contrataciones con promesas de grandeza si no se respetan los 'tempos' marcados y, sobre todo, si no se tienen en cuenta los papeles de cada persona dentro del organigrama y su función para el bienestar común del equipo. Todos y cada uno de ellos deben poner su semilla, su grano, que ayude a crecer la cosecha. Todos deben mirar en una misma dirección y remar hacia ella porque, cuanto más grande sea el esfuerzo y el sacrificio realizado, más grande será el disfrute del premio. No es cuestión de meter prisa, ni de buscarla con discursos llenos de ambición, se trata de seguir los pasos marcados antes de cada temporada y continuar por ese mismo sendero en el que, la paciencia, el respeto, y las ganas y voluntad por el trabajo, van de la mano en esta ardua tarea. Es el momento de ver el porqué de tanta grandeza de un club legendario, porque los mejores se muestran en todos los campos de batallas, porque los éxitos no sólo llegan con los triunfos, sino sabiendo reponerse en cada instante, sabiendo campear el temporal y las adversidades. Recoger el fruto será, sin lugar a dudas, le mejor satisfacción para una afición, que espera llegue el momento como agua de mayo. El camino, nuevamente, parece haber comenzado en este curso. La Copa del Rey ganada, tras 18 años, puede suponer el punto de inflexión para lograr la cima del liderazgo, abandonada desde hace algunos años. Un sabor de boca un poco insípido para muchos, o una realidad para otros. Lo que está claro, es que con paciencia, trabajo y realidad, lo mejor de este Madrid aún está por llegar. Ver los errores que se han cometido, y caer en la cuenta de subsanarlos con la mayor brevedad posible, es el primer paso para crecer. Honradez y claridad para volver a crecer con más fuerza que nunca. Ahora, el club parece un gigante dormido que debe desperezarse, la furia con la que lo hará, depende de los que mandan, de su gestión y de la confianza de los aficionados. Una unión propia de las grandes empresas que, sin ser privadas, se gestionan con el capital de otros. Trabajo complicado. Resultado extraordinario.

Unai Ezkurra, Londres, Reino Unido, 23 Mayo 2011

16.I: Interrogantes de cara al futuro a corto, medio y largo plazo (por José María Jiménez-Alfaro Lafita http://fr.linkedin.com/in/josemariajimenezalfaro)

16.1 El corto plazo ya tiene un interrogante: el sistema de juego

Después de lo visto durante estas últimas temporadas en la casa blanca, sobre todo con la llegada de Florentino Pérez y de Mourinho, el Real Madrid ha empezado a experimentar una serie de cambios que han provocado que el club de Concha Espina sea percibido por el resto de clubes y aficionados de una forma diferente. En algunas partes incluso se ha llegado a generar un movimiento anti madridista. Parece que esto se debe en gran medida al modelo de gestión que sus dirigentes están aplicando, dando en muchas ocasiones más importancia a los temas extra deportivos que al deporte que practican. Quizás el Madrid se haya alejado de sus valores tradicionales.

Siendo francos y sinceros, podemos decir que a corto plazo existen pocos interrogantes para este equipo que ya no está en plena construcción, sino que ha alcanzado la fase de desarrollo. Los representantes actuales se han ocupado a la perfección de enseñar a los aficionados cuales van a ser las pautas a seguir durante la siguiente temporada. Todo nos hace pensar que el Real Madrid no va a experimentar importantes cambios en lo que respecta a la presente campaña, después de encontrar su estilo de juego tanto dentro como fuera de los terrenos de juego. Puede que estas técnicas utilizadas no sean las adecuadas para una entidad deportiva como el Real Madrid, pero son las elegidas por su representante y por ello debemos aceptarlas.

Después de los cuatro clásicos casi seguidos, el equipo de Mourinho piensa que ya ha encontrado la forma de jugar al Barcelona y hacerle frente. Seamos realistas, este juego no es el que gusta a los madridistas pero es el más indicado sabiendo el potencial del equipo rival. Si queremos ser capaces de jugar de otro modo contra el Barcelona nos tenemos que dar cuenta de una cosa, el Madrid no puede jugar entorno a Ronaldo, ya que entonces es más fácil parar al equipo. Tiene que jugar con los once jugadores lo que le da más posibilidades y opciones en los partidos. No es un fútbol que agrade a los aficionados, pero también hay que pensar que después de los resultados de los últimos años los Madridistas no sólo busquemos que nuestro equipo nos agrade cuando juego, sino que se sitúe por encima de nuestro máximo rival. Por lo que en lo que respecta al juego que va a desarrollar este equipo no podemos encontrar muchos interrogantes, Mourinho nos ha enseñado cuáles son sus intenciones.

El Real Madrid seguirá con la misma política de fichajes, seguirá sin darse cuenta de que la selección española de fútbol es la actual campeona del mundo y de Europa, que los jugadores españoles son los más deseados por los equipos de fútbol. Sin embargo, este modelo no va a cambiar mientras siga al frente este grupo de personas. Un jugador extranjero siempre será más valorado en el Real Madrid que un jugador nacional, se le seguirá dando más importancia y más minutos. Un ejemplo claro es el de Benzema. En primer lugar me gustaría declararme como fiel seguidor de Benzema desde su etapa en el Lyon, por lo que estoy contento de que tanto esfuerzo y sacrificio haya merecido la pena y ahora veamos a un gran Karim. Pero que hubiese pasado si Benzema hubiese nacido en España o si hubiese jugado en las categorías inferiores del Real Madrid? Ahora mismo su futuro estaría lejos del Madrid, quizás en el

Valencia como es el caso de Roberto Soldado o en el Sevilla como Álvaro Negredo, triunfando en equipos que pelean por entrar en la UEFA. Sin embargo, como en el Real Madrid esto no es así y se premia a los extranjeros, Benzema ha podido triunfar en el Madrid. Creo que todo jugador que es del Madrid necesita una oportunidad, que hay que confiar en él, pero si es de la cantera aún más. A corto plazo una incertidumbre que me aparece es Granero, joven canterano del Madrid y buen jugador, que sería titular en cualquier equipo de la liga española. Es un jugador que siempre cumple a la perfección con su trabajo y se muestra disponible al técnico. Con la llegada de Sahin, jugador de similares características que él, sus minutos se van a ver reducidos de una forma considerable. Si Granero fuese extranjero, Sahin nunca hubiese llegado.

16.2 A medio plazo los galácticos podrían perder valor

En cuanto a fichajes, sabiendo que sólo van a venir extranjeros, la única duda que puede surgir es si el Real Madrid realizará algún desembolso estratosférico para adquirir a una superestrella o ya ha cambiado esa política y se centra en adquirir jugadores con grandes potenciales de crecimiento pero que no sean superestrellas. Quizás veamos algo insólito, y el Madrid venda alguna de esas superestrellas sabiendo que su valor se reducirá la temporada que viene.

Pero el juego del Madrid no se da sólo en el terreno de juego, quizás el preferido por los aficionados anti madridistas sea las gestiones en los despachos. Ya hemos podido conocer la imagen que el Madrid de Mourinho quiere transmitir del fútbol, cada partido empieza con una guerra psicológica en las ruedas de prensa anteriores a los partidos, tratando de desestabilizar al rival. ¿Es esto legal? Por supuesto que si, pero no creo que sea la imagen que los aficionados del Madrid quieren que su equipo transmita. El entrenador y la directiva tienen que ser personas con la cabeza fría, capaces de controlarse en situaciones tensas y de dificultad, siempre respetando al rival y mostrando los valores del club al que representan. Una de las incertidumbres que nos preguntamos es ¿cuál será el próximo enemigo de Mourinho? Después de haber tenido sus más y sus menos con Guardiola, Garrido, Preciado, y hasta con un ex entrenador Madridista, que consiguió récord de puntos históricos para el club blanco, como es Pelegrini. Esperemos que esta tendencia desaparezca, aunque parece más bien complicado.

Después de estas cuestiones, esta temporada va a ser crucial para el Real Madrid. Después de los resultados obtenidos esta campaña con un titulo, unas semifinales de liga de campeones y segundos en la liga, la parroquia madridista ha acabado más o menos contenta, dando una buena nota a su equipo. Pero, ¿qué ocurrirá si la temporada siguiente el club de la capital de España no consigue uno de los dos grandes títulos? (liga o champions) ¿Esto significaría un fracaso de este modelo? La afición del Madrid es sabía e inteligente, sabe que ahora mismo el nivel del Real Madrid es inferior al del Barcelona. Esta va a ser la tercera temporada de la segunda etapa de Florentino Pérez, después de que en la primera su modelo fracasara y acabara saliendo por la puerta de atrás. Otra temporada como esta provocaría un descontento de la afición del Madrid lo que nos podría llevar a un fin de un ciclo, no sé si la afición del Madrid soportaría otros resultados así. Seamos lógicos, la copa del rey tiene más mérito porque el rival a quien fue arrebatada es el Barcelona.

De todas formas en ningún caso podemos ser pesimistas, el Madrid ha realizado una gran campaña en el aspecto deportivo y está creando un equipo de futuro, con jugadores jóvenes que ya se conocen entre ellos y saben cómo juegan, por lo que la temporada siguiente podemos también esperar alguna sorpresa positiva. Lo que es seguro es que el Barcelona seguirá siendo el rival a batir y el máximo favorito al título, pero el Real Madrid estará ahí luchando y dando todo por la victoria.

A medio plazo las incertidumbres aumentan y lo que es más importante, llegan unas elecciones. Si todo sigue según lo previsto, Florentino Pérez no deberá recurrir a unas elecciones anticipadas y se mantendrá al frente del cargo hasta acabar su mandato. En función de los resultados obtenidos, decidirá si presentarse o no a la reelección, sabiendo que únicamente se presentará si tiene unas altas probabilidades de ganar. Muchos medios hablan de un modelo a corto plazo el que realiza Florentino Pérez, sin embargo yo no lo veo tan cortoplacista. Su objetivo primordial es el de que el club realice una excelente campaña el año de las elecciones para asegurarse una reelección.

16.3 La presumable Décima de Florentino no es el largo plazo sino el 2020

Si el Real Madrid gana la liga de campeones, ningún otro candidato podrá estar a la altura de Florentino Pérez aunque su modelo de gestión fuese mejor que el actual y guste más a los madridistas, tarea no muy difícil podríamos decir. Este título le daría una ventaja insalvable frente a los otros candidatos. Esta temporada hemos escuchado bastante poco a Florentino Pérez, manteniéndose al margen de cualquier conflicto que pudiese existir. En la temporada que precede a las elecciones, su participación e implicación deberá ser mayor. Llegados a este punto la gran pregunta que nos vamos a realizar es si Florentino Pérez querrá presentarse otra vez a las elecciones. Es una pregunta difícil de responder ya que sólo Florentino Pérez y su entorno sabe cómo se encuentra y si tiene las fuerzas para seguir al frente.

La única persona que puede luchar contra esta candidatura en caso de que el Madrid obtenga unos resultados muy buenos en la temporada 2012-2013, tiene un nombre y apellido, Raúl González Blanco. El antiguo capitán del Real Madrid termina contrato con su actual equipo en 2013 tras la ampliación que va a realizar. Ese año se celebran las elecciones. No hay que olvidar que Florentino se deshizo de Raúl la temporada pasada con su traspaso al Shalke 04. Aunque a priori fue una salida del Madrid sin ningún problema entre las partes, no sé si Raúl apoyaría a esta candidatura o se decantaría por otra, sabiendo quién es la persona que ha impedido que haya podido terminar su carrera como jugador en el Real Madrid. Los otros candidatos deberán utilizar a Raúl como arma electoral para conseguir el apoyo de los socios más tradicionales, sabiendo los valores que representa Raúl y lo bien que transmitiría los del Real Madrid.

No es la primera vez que oímos que los valores del Real Madrid de la actualidad no equivalen a los valores tradicionales del Madrid de Santiago Bernabéu. Es lógico decir que la sociedad y su entorno haya cambiado, haya evolucionado con el paso del tiempo y como es normal el club blanco ha realizado lo propio y ha cambiado, pero la pregunta es si ha cambiado para seguir en la misma línea, únicamente adaptando sus ideales y valores a la sociedad actual, o se ha movido en otra línea completamente distinta y diferente a lo que representa el Real Madrid. Nos preguntamos si esta línea gusta a los socios, si es lo que realmente quieren. Esta puede convertirse en otra arma electoral para los otros candidatos que tienen el objetivo de devolver el Madrid a sus socios y volver a dar una imagen de señorío. Yo, como socio del Real Madrid, no me siento identificado con los valores que transmite en la actualidad, ya que creo que han sufrido grandes cambios innecesarios y que tenían que haberse evitado.

Este es el camino a seguir por los otros candidatos, sabiendo que muy posiblemente su único rival no será Florentino Pérez, sino también la prensa, ya que es comprensible el apoyo por parte de algunos periódicos ya que el actual presidente del Real Madrid y su equipo de colaboradores son muy mediáticos, y al fin y al cabo eso es lo que interesa a la prensa, vender periódicos.

Una figura muy importante para las próximas elecciones va a ser la de nuestro colaborador en la escritura de este libro, Eugenio Martínez Bravo. Como muchos otros madridistas, Eugenio se ha podido dar cuenta de la situación que atraviesa el club blanco y la necesidad de deshacer algunos cambios realizados, recuperando la imagen y los valores históricos de Madrid. Su figura va a ser muy importante, ya que se ha apercibido de esta situación y ha decidido participar en este proceso de cambio, poder colaborar de primera mano. Sus opiniones e ideas van a abrir los ojos de muchos madridistas que buscan que el Madrid vuelva a ser lo que era antes.

Si pensamos más a largo plazo nos podemos preguntar si el Real Madrid seguirá tal y como es ahora. Si retrocedemos al pasado y pensamos en el Real Madrid de hace 10 años, de aquel Madrid que era campeón de Europa, vemos que no queda mucho de ese Real Madrid. Los únicos puntos que hay en común es que sigue uno de los héroes de la final contra el Bayer Leverkusen, Iker Casillas, y seguimos con el mismo presidente que se ha olvidado de su política de Zidanes y Pavones, dando una gran prioridad a los zidanes sobre los pavones en la actualidad.

¿Qué nos puede deparar la situación para 2020? Lógicamente, el timón de este barco será dirigido por otro comandante, quizás con unos ideales muy diferentes a los actuales o siguiendo los mismos pasos, eso es algo difícil de saber ya que al final hay muchos factores que pueden influir. Lo que es seguro es que los aficionados tarde o temprano van a querer recuperar los valores históricos del club, a su cantera, ver que en el campo 11 jugadores defienden unos colores y un escudo por amor al equipo y no principalmente porque es el equipo que más dinero les puede pagar.

Lo que está muy claro es que el Real Madrid para 2020 es si el Madrid será capaz de recurar su prestigio y hegemonía no sólo a nivel nacional, sino también a nivel internacional. Yo creo que el principal problema que tiene en la actualidad el Real Madrid es al Barcelona, que está haciendo unos números impresionantes, pero hay que tener en cuenta que el Real Madrid también está cosechando unos buenos resultados, simplemente que se están viendo ensombrecidos por los del equipo rival. No creo que sea tarea difícil recuperar esta posición, siempre y cuando haya un buen líder que sea capaz de dirigir a este equipo. Quizás un posible líder es Raúl, realizar un intento de imitación del modelo del Barcelona con un entrenador que venga de la casa, que conozca a las futuras estrellas y que represente bien a nuestra entidad.

Otra de las incertidumbres muy importantes es si se mantendrá esta desigualdad que existe en la liga española entre los equipos por culpa de los grandes desequilibrios presupuestarios. Actualmente, la negociación individual de la venta de los derechos de televisión tiene un impacto directo en la liga, grandes diferencias de presupuestos que impiden a los equipos de la liga combatir en igualdad de condiciones con Real Madrid y Barcelona. Es un secreto a voces que la liga española es cada vez más monótona y ofrece un espectáculo menor. Algunos equipos ya empiezan a movilizarse para poner fin a este método de negociación e intentar negociar de manera conjunta con todos los equipos de la liga. En todas las grandes ligas europeas esto es así, por lo que es de presuponer que en España se acabará llegando un acuerdo y estableciendo las negociaciones colectivas lo que reduciría los presupuestos de Madrid y Barcelona. Por supuesto esto va a provocar que el Madrid tenga que buscar nuevos métodos de financiación. Posiblemente, para 2020 la idea de una superliga europea esté bastante avanzada y pueda ser una solución para aumentar el espectáculo que ofrece el fútbol.

José María Jiménez-Alfaro Láfita, París, Francia, 23 Mayo 2011

17.P: ¿Puede el socio madridista elegir un presidente democráticamente ? (por Miguel Queipo de Llano http://es.linkedin.com/in/miguelqueipo)

BIOGRAFÍA

Miguel Queipo de Llano (Madrid, 12 de mayo de 1972) ejerce de periodista deportivo desde 1997. Licenciado en Periodismo por la Universidad CEU-San Pablo hace cuatro años que desembarcó en diversos proyectos online poniendo la guinda a su experiencia en prensa escrita, radio y televisión. Actualmente es Director de Comunicación de un holding español. Coautor de la Enciclopedia '100 años del Real Madrid' publicada en Japón en 2002 por la empresa Sports Graphic Number.

17.1 Libertad v tiranía

"Un gobierno democrático se halla próximo a la libertad; el de unos pocos se halla próximo a la tiranía". La cita, de Tácito, le viene como un guante al Real Madrid Club de Fútbol. La entidad de la capital española se vanagloria de que sus socios son sus dueños y de que los máximos dirigentes que rigen los destinos del club durante periodos de cuatro años son elegidos mediante un sistema democrático que garantiza el derecho de su masa social a aproar la nave blanca hacia el destino elegido. Pero todo eso no es sino una inmensa patraña, que oculta que el Madrid es, en realidad, el negociado de unos pocos: de demasiado pocos.

Aunque el Real Madrid se estableció como entidad en 1900, pese a que hasta el 6 de abril de 1902 no fuera constituida oficialmente como tal, no fue hasta el 10 de octubre de 1982 cuando tuvieron lugar las primeras elecciones democráticas en el club blanco. Durante los 82 años anteriores, era la Junta Directiva, conformada por prohombres elegidos a dedo por sus propios integrantes, los que empleaban el mismo método 'digital' para designar al presidente.

En los 43 primeros años de vida de la entidad el Real Madrid tuvo 20 presidentes distintos siendo Pedro Paragés el más longevo: cuatro periodos, uno de ellos de seis temporadas, para comandar la nave blanca un total de once años, lo que le convirtió, en palabras del propio Santiago Bernabéu, en "la gran figura fundacional del Real Madrid". En ninguna de esas cuatro ocasiones tuvo que superar el escollo de unas elecciones, como quedó dicho.

En septiembre de 1943 fue nombrado presidente, también a dedo, don Santiago Bernabéu de Yeste. Su clarividencia empresarial, su entrega abnegada al club en el que se formó como persona a todos los niveles y su especial habilidad para moverse siempre por la senda correcta en un mundo tan repleto de tiburones como el del deporte profesional impidieron que el Real Madrid tuviera un nuevo presidente hasta 1978, con motivo del fallecimiento del más importante dirigente futbolístico de la historia: el primero que pensó en generar ingresos adicionales (en su caso vía ticketing); el primero que pensó en expandir el fútbol en competiciones internacionales de clubes; el primero en tantas cosas…

17.2 Tras la muerte de Bernabéu comienza a torcerse todo

Con la muerte de Bernabéu, y tras un breve periplo de Raimundo Saporta como presidente interino, tomó las riendas del club Luis de Carlos. Y él fue el encargado, por fin, de democratizar el club a los cuatro años de su mandato. Por aquel entonces, el único requisito para convertirse en precandidato era presentar un determinado número de firmas de socios, poco más de 1.500. De Carlos y Ramón Mendoza superaron la criba, José María Diéguez se quedó por el camino y tras la votación soberana De Carlos fue reelegido con cerca de 3.000 votos de diferencia sobre Mendoza.

Y entonces comenzó a torcerse todo. Aunque los mandatos establecidos en los Estatutos del Club son por periodos de cuatro años esta regulación es retorcida torticeramente para defender intereses meramente electoralistas. De Carlos convocó elecciones a los tres años y le cedió el sillón a Mendoza, único candidato, quien también adelantó en varios meses sus primeras elecciones para aprovechar el tirón de la Quinta del Buitre. Llegó la polémica Ley del Deporte de 1990, que exige a las Juntas Directivas de los clubes de fútbol a avalar el 15 por ciento del presupuesto. Mendoza también tiró de sufragios de votos de socios fallecidos para imponerse a Florentino Pérez en la primera ocasión en la que el presidente de ACS se aventuró en una carrera electoral al Real Madrid.

Después llegó el asalto de Lorenzo Sanz a la presidencia; el 'Figazo' de Florentino y su posterior espantá; los parches provisionales que no eran príncipes sino ranas; las elecciones más escandalosas de la historia por culpa de un voto por correo manipulado desde todos los frentes; la tocata y fuga de Calderón; y, para concluir, el regreso de Florentino en loor de multitudes.

Echando números, el Real Madrid ha vivido, realmente, unas únicas elecciones democráticas a la presidencia: las primeras, en ese lejanísimo 1982. Ni siquiera el órgano supremo de decisión del club, la Asamblea de Socios Compromisarios, está limpio. Se trata de una Junta conformada, grosso modo, por los cien socios más antiguos y por otros dos mil elegidos por la masa social que marcan los límites de la presidencia. Esa Asamblea está politizada desde su puesta en marcha, también por Luis de Carlos, y se ha convertido en un mero instrumento ejecutor de determinadas posturas, privada de libertad para ejercer sus funciones.

17.3 Tarea pendiente: Democratizar el Real Madrid

Visto el panorama, una de las tareas pendientes en el Real Madrid es la de democratizar el club. No en sentido horizontal, con el listón puesto a una altura a la que sólo una cantidad ínfima de socios pueden llegar, sino vertical, de abajo a arriba, sin despreciar las posibilidades de cualquier integrante de la entidad con ideas que pueda aportar en la mejora del club.

El Barcelona ya abanderó en 2010 la petición de derogar la obligatoriedad prevista por la Ley del Deporte del aval bancario del 15 por ciento del presupuesto. Tal vez no fuera necesario ni siquiera tanto. Mientras la entidad barcelonesa sólo exige a los precandidatos firmar ante notario que en caso de resultar elegidos depositarán esa cantidad como último requisito para ser nombrado presidente, el Real Madrid exige a quien se quiere presentar dicho aval, lastrando sobremanera las posibilidades de aquellos que quieren concurrir en su carrera electoral: unas elecciones exclusivamente para ricos.

De igual modo, y aunque se ha solucionado el gravísimo problema del voto por correo, el Real Madrid está condenado a no ser democrático mientras las listas de sus socios sean exclusiva propiedad del club. Aquellos candidatos que han trabajado dentro de la entidad disponen de ellas, mientras que los que aspiran legítimamente a competir por el sillón presidencial parten de una desigualdad de condiciones que lastra sus posibilidades.

En la sociedad del Siglo XXI, informatizada y global, la Ley Orgánica de Protección de Datos que impide al club facilitar el censo a unos candidatos oficiales para la celebración de unas elecciones libres no es de recibo. Una simple consulta vía telemática, preguntando a cada socio si acepta (o no) que sus datos personales puedan ser cedidos parcialmente a posibles candidatos a elecciones a la presidencia arreglaría el desaguisado, pero no existe la voluntad de hacerlo, es una ventaja demasiado jugosa para algunos como para perderla.

Igualmente, las condiciones exigidas para las elecciones a la Asamblea General deberían ser revisadas con urgencia. Actualmente es necesario ser mayor de edad y tener un año de antigüedad en el club para poder convertirse en Socio Compromisario y, por tanto, pertenecer al máximo órgano de la entidad. Hecha la ley, hecha la trampa. Un mínimo de diez años de antigüedad permitiría evitar que esta Asamblea estuviera constituida por socios de nuevo cuño admitidos a dedo por la Junta Directiva vigente para que le permitan sacar adelante todas sus propuestas.

Del mismo modo, esas elecciones a la Asamblea General son siempre, e inequívocamente, despreciadas por el club. No se informa a los socios más que por las vías de comunicaciones habituales de su existencia, en vez de darle la relevancia que merece la renovación del órgano legislativo de la entidad. La participación en esas elecciones es, simplemente, dantesca: no supera nunca el diez por ciento del censo, lo que denota la falta de interés del propio club en acotar y solucionar el problema.

Lo mismo sucede con la conformación de la Comisión de Disciplina Social, que es la encargada de impartir justicia en caso de litigio con los asociados al club, y con la Junta Electoral, siempre e inequívocamente teñida del color de uno de los candidatos.

¿Casualidad?

El Real Madrid se encuentra, pues, en una encrucijada de grueso calibre. La entidad jamás ha sido regida de manera democrática pero ha empezado a vanagloriarse de ello desde hace casi treinta años. Y para que de verdad lo sea hay que tomar de manera urgente una serie de decisiones que lastrarían el poder que un determinado rango de socios han tomado para el control de la entidad.

El socio de a pie está desprotegido cuando él debería ser el verdadero timonel del rumbo del club.

Decía George Bernard Shaw que "no es cierto que el poder corrompa, es que hay mandatarios que corrompen al poder". No hay otra explicación para entender por qué todos los presidentes que han pasado por el club desde Luis de Carlos, un total de ocho con una doble presencia de Florentino Pérez, se hayan despreocupado por completo de democratizar de manera real y no ficticia el sistema que rige los destinos de una de las factorías deportivas y de entretenimiento más importantes del globo.

Miguel Queipo de Llano, Madrid, España, 22 Mayo 2011

APENDICE I: BIBLIOGRAFIA DE LIBROS DE LIDERAZGO

Libro	Autor
1. Financial Freedom	Collin Turner
2. You've got everything that it takes	Julio Melara
3. How to Win Friends & Influence People	Dale Carnegie
4. Attitudes & Altitudes	Pat Mesiti
5. Escape to Prosperity	Wes Beavis
6. The Magic of Thinking Big	David Schwarz
7. Business @ the speed of thought	Bill Gates
8. Rich Dad, Poor Dad	Robert Kiyosaki
9. Personality Plus	Florence Littauer
10. Born To Succeed	Collin Turner
11. Unstoppable	Cynthia Kersey
12. Dream Biz. Com	Burke Hedges
13. Coaching for Teamwork	Vincent Lombardi
14. Think and Grow Rich	Napoleon Hill
15. Do not Worry, Make Money	Richard Carlson
16. Balcony People	Joyce Landorf Heatherley
17. Seeds of Greatness	Dennis Waitley
18. El ser excelente	Miguel Angel Cornejo
19. The Eagle's Secret: Key strategies for success at work and home	David Mc Nally
20. Talk is not cheap	Beverly Inman-Ebel
21. Attitude is everything	Jeff Keller
22. The Magic of Smiling	Dutch Boling
23. Are you living your dream?	John Fuhrman
24. Skill with people	Les Giblin
25. The electronic dream	John Fuhrman
26. Diamonds Under Pressure: Five steps for turning adversity into success	Barry Farber
27. Success: One Day at a Time	John C Maxwell
28. The Magic of Getting What You Want	David J. Schwartz
29. You and Your Network	Fred Smith
30. Nine essential laws for becoming influential	Tony Zeiss
31. Listening for Success	Steve Shapiro
32. The Heart of a Leader	Ken Blanchard
33. Time and Money.Com	Jack Matthews
34. Wake up and Dream	Pat Mesiti
35. How to have power and confidence in dealing with power	Les Giblin
36. Creating Wealth on the Web	Cynthia Stewart-Copier
37. Who moved my cheese	Spencer Johnson
38. What to say when you talk to yourself	Shad Helmstetter
39. The 9 steps to Financial Freedom	Suze Orman
40. The Parable of the Pipeline	Burke Hedges
41. It's not about the bike: My journey back to life	Lance Armstrong

42. Pro-Summer Power !	Bill Quain
43. The Management from the Inside Out: The foolproof system for taking control of your schedule and your life	Julie Morgenstern
44. Hope from my heart: Ten lessons for life	Rich De Vos
45. You Inc: Discover The C.E.O. Within	Burke Hedges
46. Hung by the tongue: What you say is what you get	Francis P.Martin
47. Becoming a person of influence	Jim Dornan/ John Maxwell
48. Read and Grow Rich	Burke Hedges
49. The Greatest Salesman in the World	Og Mandino
50. The Psychology of Winning: The 10 qualities of a total winner.	Denis Waitley
51. Acres of Diamond	Russell H. Conwell
52. The richest man in Babylon	George S. Clason
53. Suze Orman's Financial Guidebook: Put the 9 Steps to Work	Suze Orman
54. Rich Kid, Smart Kid	Robert Kiyosaki
55. Rich Dad's Prophecy	Robert Kiyosaki
56. How to Make Money in Stocks	William J. O' Neil
57. The Power of Positive Thinking	Normant Vincent Peale
58. Napoleon Hill's Positive Action Plan: How to make every day a success	Napoleon Hill
59. Winning Everyday	Lou Holtz
60. Dream Making in a Dream-Taking World	Steve Price
61. Soar to the Top: Rise Above the Crowd and Fly Away to Your Dream	Shawn Anderson
62. The Laws of Money, The Lessons of Life	Suze Orman
63. Leadership and Self Deception	The Arbinger Institute
64. Growing the distance	Jim Clemmer
65. The 21 most powerful minutes in a leader's day	John C. Maxwell
66. Basic People Skills	Dexter Yager
67. The Power of Focus	Jack Canfield, Mark Victor Hansen Les Hewitt
68. The Diamond Rule: Secrets of a Master Diamond Cutter	Dr. Nate Booth
69. Rich Dad's Success Stories	Robert Kiyosaki
70. The One Minute Manager	Kenneth Blanchard
71. Freedom Tide: How You Can Make a Difference	Chad Connelly
72. Retire Young, Retire Rich	Robert Kiyosaki
73. Eat that Frog: 21 Great Ways to Stop Procrastinating and Get More Done in Less Time	Brian Tracy
74. The Servant: A simple story about the true essence of leadership	James C. Hunter
75. 10 Rules to Break & 10 Rules to Make: The Do's and Don'ts for Designing Your Destiny.	Bill Quain
76. If You Can't Climb The Wall, Build a Door	Dr. Charles Lever
77. Water: The Ultimate Cure	Steve Meyerowitz
78. B2B Back to Basics	Bill Quain
79. Know Your Limits: Then Ignore Them	John Mason

80. The Control Theory Manager	William Glasser
81. Ocho años de gobierno: una vision personal de España	José María Aznar
82. Cash Flow Quadrant	Robert Kiyosaki
83. Opportunity knocks	Pat Mesiti (Pasquale Vicenzo)
84. Dreamers Never Sleep	Pat Mesiti
85. You´vet Got Style	Robert A. Rohm Ph D
86. Feel the Fear and Do It Anyway	Susan Jeffers
87. The 21 Success Secrets of Self-Made Millionaires	Brian Tracy
88. Digital Freedom Chats	Federico Jimenez Los Santos
89. The Quixtar Price is Right	Bill Quain
90. Whale Done	Ken Blanchard
91. The Next Generation Leader	Andy Stanley
92. A Whack on the Side of the Head	Roger von Oech
93. Making Friends	Andrew Matthews
94. Guide to Getting Rich without cutting up your credit cards	Robert Kiyosaki
95. You are Great	Julia Hastings
96. Who took my money? (Why investors lose and fast money wins)	Robert Kiyosaki
97. How to be like Rich De Vos	Pat Williams
98. Take Time for your life	Cheryl Richardson
99. The 100 simple secrets of Successful People	David Niven
100. Retratos y perfiles: De Fraga a Bush	José María Aznar
101. The Four Laws of Debt Free Prosperity	Blaine Harris & Charles Coonradt
102. Boys who rocked the world	Editors of Beyond Words Publishing & Lar DeSouza
103. The Journey from Success to Significance	John C. Maxwell
104. The Magic of Believing	Claude M. Bristol
105. Higher than the Highest Mountain	Keith Laggos
106. The Green Bench	Matt Rawlins
107. The Art of Dealing with People	Les Giblin
108. Full Steam Ahead	Ken Blanchard Jesse Stoner
109. You´re Great!	Julia Hastings
110. The Secret	Ken Blanchard Mark Miller
111. The Power of Full Engagement	Jim Loehr
112. Pursuit: Success is hidden in the journey	Dexter Yager
113. I can´t accept not trying: Michael Jordan in the Pursuit of Excellence	Michael Jordan
114. Pasión por la libertad	Federico Quevedo
115. The Power of Talking Out Loud to Yourself	Bill Wayne
116. Lessons from a Dream Maker	Joe Land with Bill Perkins
117. The Next Millionaires	Paul Zane Pilzer
118. Confident Conversations	Brad de Haven
119. How full is your bucket?	Tom Rath
120. Stop self-sabotage	Pat Pearson
121. Leadership wisdom from the monk who sold the Ferrari	Robin S. Sharma

122.	Crucial conversations	Kerry Patterson and others
123.	How to get rich	Donald Trump
124.	You are great	Julia Hastings
125.	Brain work out	Arthur Winter Ruth Winter
126.	Why we want you to be rich	Robert Kiyosaki Donald Trump
127.	Failing Forward	John C Maxwell
128.	Staying Power	Van Crouch
129.	How to get what you want and want what you have	John Gray
130.	Success and grow rich through persuasion	Napoleon Hill
131.	The 7 habits of highly effective people	Stephen R. Covey
132.	Here is to your success	Jeff Keller
133.	Podemos	Juanma Castaño Manu Carreño
134.	Contact Capital	Bob Proctor
135.	You´ve got Style	Robert A. Rohm Ph. D.
136.	The Law of Recognition	Mike Murdock
137.	Network of Champions	Shad Helmstetter
138.	The Green Bench II: Ongoing Dialogue about Leadership and Communications	Matt Rawlins
139.	Success is never ending, failure is never final	Robert H. Schulller
140.	How to really use Linked-In	Jan Vermeiren
141.	Unleasing the ideavirus	Seth Godin
142.	Bread winner. Bread baker	Sandy Elsberg
143.	The Fred Factor: How passion in your work and life can turn the ordinary into the extraordinary	Mark Sanborn
144.	The Power of Nice: How to Conquer the Business World with Kindness	Linda Kaplan Thaler & Robin Koval
145.	Your roadmap for success: You can get there from here.	John C. Maxwell
146.	The purpose driven life: What on earth I am here for?	Rick Warren
147.	The essence of success	Nightingale Conant
148.	Be a people person	John C. Maxwell
149.	If they say no, just say Next	John Fuhrman
150.	Raving Fans	Ken Blanchard & Sheldon Bowles
151.	Succeed and grow rich through persuasion	Napoleon Hill
152.	Wooden	John Wooden
153.	The Spellbinder´s gift	Og Mandino
154.	How to stop worrying and start living	Dale Carnegie
155.	How to Win friends and influence people (6th reading)	Dale Carnegie
156.	Body Language	Allan Pease
157.	Sponsor with Style	Rober A. Rohm and Stewart Cross
158.	Rich Dad´s Guide to Investing	Robert Kiyosaki
159.	Copy Cat Marketing 101	Burke Hedges

160.	Questions are the Answers	Allan Pease
161.	Jonathan Livingston Seagull a story	Richard Bath
162.	Who says Elephants can´t dance ?	Lou Gertsner
163.	Endurance	Alfred Lansing
164.	Little book of red selling	Jeffrey Gitommer
165.	Little black book of connections	Jeffrey Gitommer
166.	Secrets of closing the sale	Zig Ziglar
167.	Becoming a resonant leader	Annie McKee Richard Boyatzis Frances Johnston
168.	El reino de la humildad	Juanma Roca
169.	Revolución LinkedIn	Juanma Roca
170.	Soñar para ganar	Emilio Sánchez-Vicario

APENDICE II: LINKEDIN Y TWITTER: SINERGIAS NECESARIAS

En Agosto 2010 publicamos el segundo libro Spanish Leadership: El buque guía español nos trajo el oro de Sudáfrica gracias a su humildad. Como verás todas las researches sobre LinkedIn se tornan ciertas. Porque hay un leadership principle que dice: "If you do not track something, you cannot measure it". Ese tracking nos permitió establecer esas siguientes conclusiones que incorporé al otro libro emitido en Agosto.

Linkedin ha seguido sumando 5 millones de usuarios cada 2 meses

Cuando hablamos con Juanma Roca el día del clásico en Abril, le comentamos después por E-Mail que la página de LinkedIn acababa de dar 65 millones de usuarios. Juanma, autor del libro Revolución LinkedIn (lo cual tiene un mérito extraordinario hacerlo en España), me dijo en aquel momento "LinkedIn se está multiplicando a la enésima potencia".

Durante Abril, Mayo y Junio seguimos interesadísimamente todo lo relacionado con LinkedIn. Puede seguirse en:

http://blog.linkedin.com/

Los anuncios se sucedieron con la introducción del Company Follow feature como lo más destacado. Esto significa que tu ahora puedes estar siguiendo a cualquier empresa del mundo para enterarse de sus resultados, y de sus oportunidades.

Antes del comienzo del Mundial (sobre el 9 de Junio) Linkedin ya anunciaba aquí http://press.linkedin.com/about

que tiene más de 70 millones de usuarios. Es decir que el crecimiento de LinkedIn de 1 nuevo usuario al segundo se confirmaba.

Mark Williams el mayor experto de LinkedIn en Europa, (veáse que su perfil lo llama Mr. LinkedIn)

http://uk.linkedin.com/in/mrlinkedin

decía en sus comments en LinkedIn que el no apostaría en contra de que LinkedIn llegase a 100 millones en 2010. Parecía un poco exagerado pero quizás pero lo cierto es que la primera semana de Agosto miramos en http://press.linkedin.com/about y veíamos que acababan de llegar a 75 millones. Además anunciaban la compra de la empresa mSpoke Inc de Pittsburgh. Esto se puede ver en google con fecha 4 de Agosto en:

http://www.sfgate.com/cgi-bin/blogs/techchron/detail?entry_id=69391

Lo cual quiere decir que en menos de 2 meses volvió a sobrepasar el milestone de 5 millones cada 2 meses. Es decir en unas 7 semanas sumaron 7 millones más de usuarios. Quedaba la duda de que Agosto es el mes de vacaciones. Y que Diciembre tiene poca actividad en la segunda quincena. Si el ritmo se hubiese mantenido nuestras proyecciones eran:

- 80 millones a primeros de Octubre 2010
- 85 millones a primeros de Diciembre 2010
- 90 millones a primeros de Febrero 2011
- 95 millones a primeros de Abril 2011
- 100 millones a primeros de Junio 2011

Dado que los 100 millones se produjeron en Marzo 2001 no voy a especular con lo que pueda suceder pero creo que tanto Juanma como Mark tienen razón. El crecimiento es más que una simple duplicación.

Jorge Zuazola dijo en sus libros "Lo que si tengo claro es que LinkedIn va a salir a la bolsa y que puede ser ahora antes de fin de 2010 o en 2011. Yo creo que va a ser cuando tengan claro que se va a llegar a 100 millones con lo cual lo podrán vender como un éxito al inversor."

La salida a bolsa se ha producido efectivamente en Mayo de 2011. Y siendo el precio descontado de la acción 45$, su primer trading ha sido a 81$. Es la clara evidencia de lo que dice Ignacio Villoch del BBVA "Nowadays either you are linked in or left out"

Twitter y LinkedIn se integraron más aún en 2010

Ya en 2009 LinkedIn y Twitter firmaron un acuerdo de sincronización e integración que está convenientemente explicado aquí por el fundador de LinkedIn y el co-fundador de Twitter. El vide es del canal oficial de LinkedIn en youtube.

http://www.youtube.com/watch?v=QVZ7VA4zORE

http://learn.linkedin.com/twitter/ te dice como realizar la integración.

Esa sincronización se puede llevar a cabo de varias formas. Una de ellas es configurar nuestro perfil de tal manera que todas las entradas que creemos en Twitter se publiquen también en LinkedIn y otra más selectiva es que sólo se sincronicen aquellos tweets que contengan las claves #li o #in.

Después en Mayo 2010 se anunció que esa integración crece. Para que te hagas una idea, ahora la aplicación de Twitter de LinkedIn nos sugerirá usuarios de la red de microblogging que nos pudieran interesaren base a nuestro perfil LinkedIn, además de mostrar las cuentas en Twitter de todas nuestras conexiones y poder crear una lista con ellas.

Esto evidencia que Twitter sabe que LinkedIn es una web seria. Usuarios avvezados siempre abren LinkedIn antes quesu E-Mail y a la derecha tienen una pantallita que les muestra sus "tweets" favoritos.

A nivel de Spanish Leadership tenemos un twitter llamado Spanish Leadershp cuya URL es

http://twitter.com/spanishleaders

Ahí tenemos más de 500 contactos con todas y cada una de las cuentas de twitters dedicadas a leadership, success y coaching en EE.UU, Europa, Asia y Oceanía.

Te puedes imaginar el caudal de conocimientos de leadership que esto genera.

Impresionante. Te dejamos un ejemplo de los twitters que seguimos en pantalla o que posteamos nosotros:.

- **thisissuccess**

The sweetest sounds are of the ocean waves splashing against the shore, the leaves rattling from a slight cool breeze, birds chirping, etc. about 1 hour ago via Twitter for BlackBerry® Retweeted by you

  - Reply
  - Retweeted (Undo)

- **motivationlive**

Success is getting what you want. Happiness is wanting what you get. Dale Carnegie about 1 hour ago via Ping.fm Retweeted by you

  - Reply
  - Retweeted (Undo)

-

Success is never ending failure is never final. Robert Schuller about 1 hour ago via web

  - Delete

- **AndyStalman**

"Los líderes no crean seguidores, crean más líderes." - Tom Peters #leaders #liderazgo #leadership #twitter about 1 hour ago via web Retweeted by you and 3 others

  - Reply
  - Retweeted (Undo)

- **motivationlive**

What I am looking for is not out there, it is in me. Helen Keller about 3 hours ago via Ping.fm Retweeted by you and 2 others

-

Before you break silence give people a sincere smile Les Giblin about 3 hours ago via web

- Delete

•

Remember the first few seconds of any relationship usually sets the tone and the spirit of it Les Giblin about 3 hours ago via web

- Delete

•

Remember the first few seconds of any relationship usually sets the tone and the spirit of it about 3 hours ago via web

- Delete

•

I will do today as others will not, so I can live tomorrow as others cannot John Fuhrman about 3 hours ago via web

- Delete

•

The winner is always part of the solution, the loser is always part of the problem Miguel Angel Cornejo about 3 hours ago via web

- Delete

•

Teamwork is a key ingredient of success in business. Vincent Lombardi about 3 hours ago via web

- Delete

•

Dare dreaming and never forget than when effort gives up, failure begins about 3 hours ago via web

- Delete

•

Success is a journey not a destination about 3 hours ago via web

- Delete

•

I do not reflect on today´s victory but on my journey over 36 years in the profession (Vicente del Bosque) about 3 hours ago via web

- Delete

-

Success should not deviate us from our goals (Vicente Del Bosque) <u>about 3 hours ago</u> via web

   - <u>Delete</u>

-

Success is about doing common things unusually well Collin Turner <u>about 3 hours ago</u> via web

   - <u>Delete</u>

-

The role of leadership is to create more leaders not to create more followers <u>about 3 hours ago</u> via web

APENDICE III: TU BLOG DE LIDERAZGO Y CRECIMIENTO PERSONAL

A efectos de que este libro para ti querido lector te sea lo mas practico posible te regalamos unas cuantas páginas para que te auto-emponderes logrando así el crecimiento personal de liderazgo que tu talento merece. Tomando notas puedes twittear conceptos de liderazgo aquí aprendidos. Si quieres traducirlos al inglés google te lo hace en translate.google.es. Y al salir en tu twitter y tu perfil de LinkedIn debidamente sincronizado aumentas tu valor de mercado.

www.ingramcontent.com/pod-product-compliance
Lightning Source LLC
Chambersburg PA
CBHW081835280526
45789CB00007B/2457